ÉDITIONS
ULYSSE

Le plaisir... de mieux voyager

Direction de collection Claude Morneau	*Correction* Pierre Daveluy	*Mise en pages* Isabelle Lalonde Alain Rondeau
Direction de projet Pascale Couture	*Collaboration* Nadia Bini Marie-Anick Moreau	*Photographie* The Photo Source
Traduction Pierre Corbeil	*Direction artistique* Patrick Farei	Trinity Church et John Hancock Tower Superstock
Cartographie André Duchesne	Atoll Direction	

*Édition originale : Hidden Boston and Cape Cod, Ulysses Press, 1995.
Textes de Ryan Vollmer et Patricia Mandell.*
Remerciements : Les Éditions Ulysse remercient la SODEC ainsi que le Ministère du Patrimoine canadien pour leur soutien financier.

Distribution

Distribution Ulysse
4176, rue St-Denis
Montréal, Québec
H2W 2M5
☎ (514) 843-9882, poste 2232
Fax : 514-843-9448

Belgique - Luxembourg:
Vander
Av. des Volontaires 321
B-1150 Bruxelles
☎ (02) 762 98 04
Fax : 02 762 06 62

Espagne :
Altaïr
Balmes 69
E-08007 Barcelona
☎ (3) 323-3062
Fax : (3) 451-2559

France :
Vilo
25, rue Ginoux
75737 Paris,
CEDEX 15
☎ 1 45 77 08 05
Fax : 1 45 79 97 15

Italie :
Edizioni Del Riccio
50143 Firenze
Via di Soffiano 164/A
☎ (055) 71 63 50
fax : (055) 71 63 50

Suisse :
Diffusion Payot SA
p.a. OLF S.A.
Case postale 1061
CH-1701 Fribourg
☎ 37 83 51 11
Fax : 37 26 63 60

Tout autre pays, contactez Distribution Ulysse (Montréal), Fax : (514) 843-9448

Données de catalogage avant publication (Canada)
Vollmer, Ryan
    Boston - (Guide de voyage Ulysse)
    Traduction part. de Hidden Boston and Cape Cod.
    Comprend un index.
    ISBN 2-89464-103-6
1. Boston (Mass.) - Guides. 2. Boston (Mass.) - Circuits touristiques.
I. Corbeil, Pierre, 1947 - . II. Titre III. Collection.
F73.18.R5714 1996   917.44'610443   C96-940556-1

Toute photocopie, même partielle, ainsi que toute reproduction, par quelque procédé que ce soit, sont formellement interdites sous peine de poursuite judiciaire.

© Éditions Ulysse
Tous droits réservés
Bibliothèque nationale du Québec
Dépôt légal - Troisième trimestre 1996

«When I got into the streets upon this Sunday morning, the air was so clear, the houses were so bright and gay; the signboards were painted in such gaudy colours; the gilded letters were so very golden; the bricks were so red, the stone was so very white, the blinds and area railings were so very green, the knobs and plates upon the street doors so very marvellously bright and twinkling...»

Charles Dickens
American Notes (1842)

«Quand je suis descendu dans la rue en ce dimanche matin, l'air était si limpide, les maisons étaient si éclatantes et gaies; les enseignes affichaient des couleurs si vives; les lettres d'or étaient si vermeilles; les briques étaient si rouges, la pierre était si blanche, les persiennes et les rampes étaient si vertes, les poignées et les plaques des portes de la rue étaient si merveilleusement polies et scintillantes...»

SOMMAIRE

PORTRAIT 11
   La géographie 12
   Un peu d'histoire ... 13

RENSEIGNEMENTS GÉNÉRAUX 25
   Formalités d'entrée .. 25
   Douane 26
   L'accès à la ville 26
   Ambassades et consulats des États-Unis à l'étranger 29
   Consulats étrangers à Boston 31
   Renseignements touristiques 32
   Vos déplacements dans la ville et dans les environs . 33
   Les assurances 39
   La santé 40
   Le climat 41
   Quand visiter Boston? 42
   La préparation des valises 42
   Poste et télécommunication 43
   Les services financiers 44
   Horaires et jours fériés 46
   Le calendrier des événements annuels 47
   Hébergement 49
   Restaurants 50
   Les enfants 50
   Les aînés 51
   Les personnes handicapées 52
   Divers 52

ATTRAITS TOURISTIQUES 55
   North End 60
   Centre-ville 64
   Beacon Hill 78
   Back Bay 82
   Fenway 88
   South End 90
   South Boston 92
   Environs de Boston .. 96

PARCS ET PLAGES ... 113
   Boston Harbor Islands 113
   Belle Isle Marsh ... 115
   Nantasket Beach .. 115
   Wollaston Beach .. 116
   Blue Hills Reservation 116
   Middlesex Fells Reservation 117

ACTIVITÉS DE PLEIN AIR 119
   La voile 119
   L'observation des baleines 120
   Le jogging 120
   La bicyclette 120
   Le patin à glace ... 121
   Le ski de fond 121
   Le golf 122
   Le tennis 122
   La randonnée pédestre 122

HÉBERGEMENT	125	MAGASINAGE	177
Centre-ville	127	North End	177
Beacon Hill	129	Centre-ville	178
Back Bay	130	Beacon Hill	180
Fenway	133	Back Bay	181
South End	134	Fenway	186
Environs de Boston	135	South End	187
		Environs de Boston	187

RESTAURANTS	139
North End	139
Centre-ville	142
Beacon Hill	148
Back Bay	150
Fenway	153
South End	154
South Boston	155
Environs de Boston	157

LEXIQUE 189

INDEX
   Les restaurants
      par ordre
         alphabétique ... 197
      par type
         de cuisine 198
   L'hébergement
      par ordre
         alphabétique ... 200
   Général 201

SORTIES	165
Centre-ville	165
Beacon Hill	168
Back Bay	168
Fenway	170
South End	171
South Boston	172
Environs de Boston	173

LISTE DES CARTES

Boston	p 59
Carte du métro	p 57
Centre-ville de Boston	p 61
Boston et ses environs	p 97
Massachussets	p 10
Nouvelle-Angleterre	p 9
Quartiers Fenway et Back Bay	p 83
Situation géographique	p 8
Vieux Cambridge	p 99

***Merci de contribuer à l'amélioration
des guides de voyage Ulysse!***

Tous les moyens possibles ont été pris pour que les renseignements contenus dans ce guide soient exacts au moment de mettre sous presse. Toutefois, des erreurs peuvent toujours se glisser, des omissions sont toujours possibles, des adresses peuvent disparaître, etc.; la responsabilité de l'éditeur ou des auteurs ne pourrait s'engager en cas de perte ou de dommage qui serait causé par une erreur ou une omission.

Nous apprécions au plus haut point vos commentaires, précisions et suggestions, qui permettent l'amélioration constante de nos publications. Il nous fera plaisir d'offrir un de nos guides aux auteurs des meilleures contributions. Écrivez-nous à l'adresse qui suit, et indiquez le titre qu'il vous plairait de recevoir (voir la liste à la fin du présent ouvrage).

**Éditions Ulysse
4176, rue Saint-Denis
Montréal, Québec
H2W 2M5**

TABLEAU DES SYMBOLES

≡	Air conditionné
⊛	Baignoire à remous
⊖	Centre de conditionnement physique
ℂ	Cuisinette
pdj	Petit déjeuner inclus
≈	Piscine
ℝ	Réfrigérateur
ℜ	Restaurant
bc	Salle de bain commune
bp	Salle de bain privée (installations sanitaires complètes dans la chambre)
△	Sauna
≕	Télécopieur
☎	Téléphone
tlj	Tous les jours

CLASSIFICATION DES ATTRAITS

★	Intéressant
★★	Vaut le détour
★★★	À ne pas manquer

CLASSIFICATION DES HÔTELS

Les tarifs mentionnés dans ce guide s'appliquent, sauf indication contraire, pour une chambre pour deux personnes, en haute saison.

$	moins de 50 $
$$	de 50 à 90 $
$$$	de 90 à 130 $
$$$$	plus de 130 $

CLASSIFICATION DES RESTAURANTS

Les tarifs mentionnés dans ce guide s'appliquent, sauf indication contraire, à un repas pour une personne, excluant le service et les boissons.

$	moins de 8 $
$$	de 8 $ à 16 $
$$$	de 16 $ à 24 $
$$$$	plus de 24 $

Tous les prix mentionnés dans ce guide sont en dollars américains.

Situation géographique dans le monde

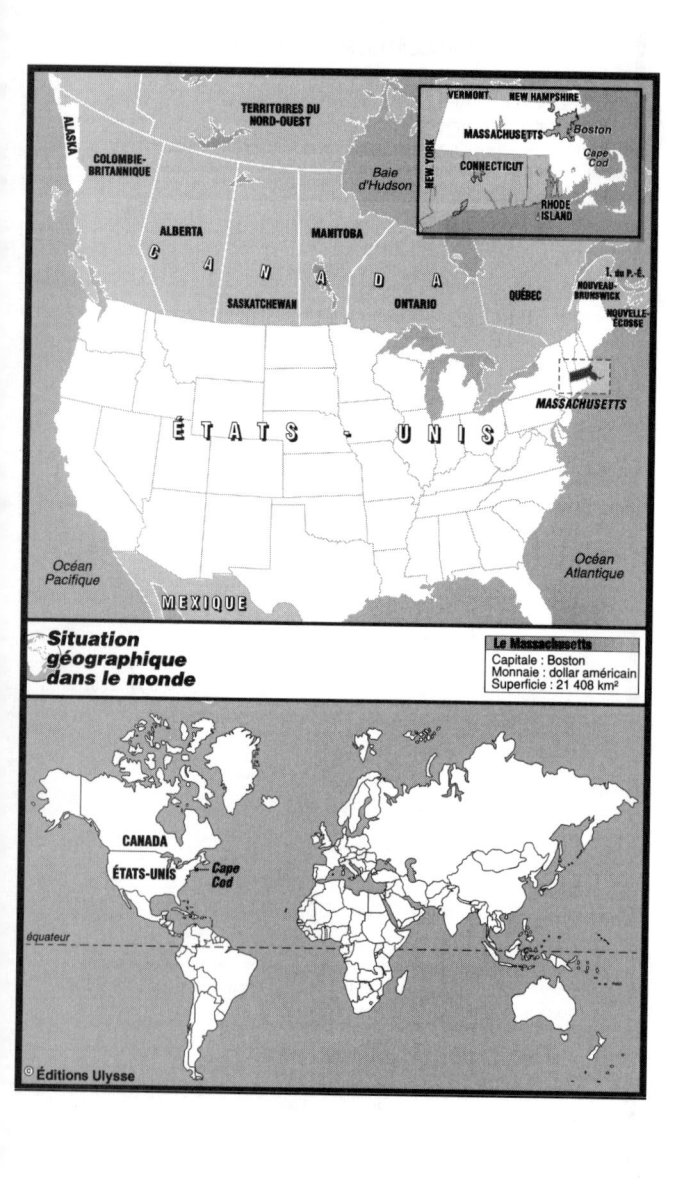

Le Massachusetts
Capitale : Boston
Monnaie : dollar américain
Superficie : 21 408 km²

© Éditions Ulysse

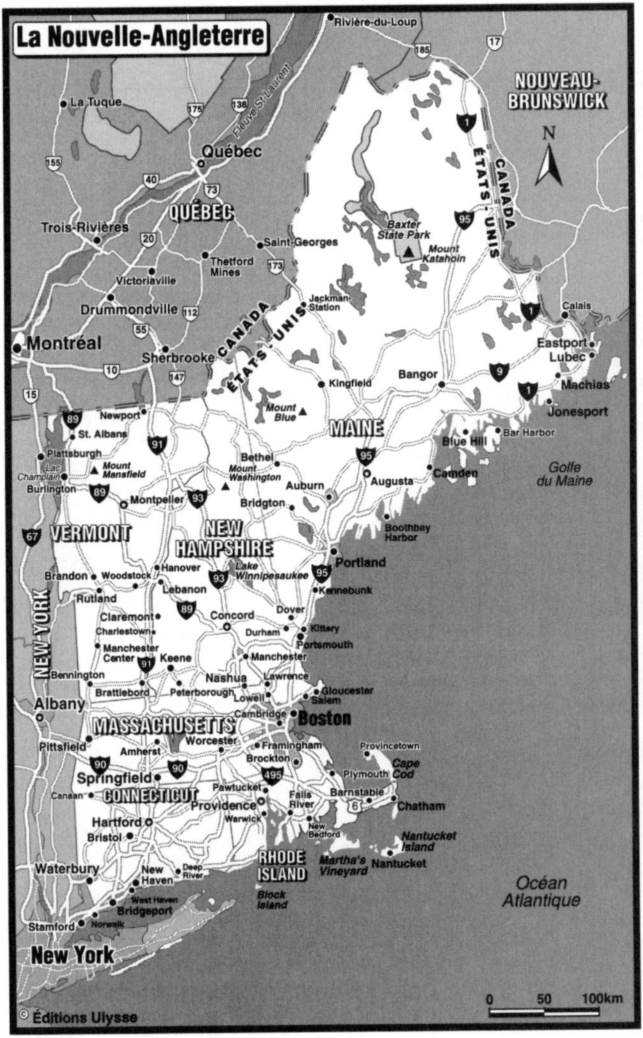
La Nouvelle-Angleterre
Rivière-du-Loup
NOUVEAU-BRUNSWICK
La Tuque
Fleuve St-Laurent
Québec
QUÉBEC
Trois-Rivières
Saint-Georges
Thetford Mines
Victoriaville
Drummondville
Montréal
Sherbrooke
CANADA
ÉTATS-UNIS
Jackman Station
Baxter State Park
Mount Katahdin
Calais
Eastport
Lubec
Machias
Jonesport
Bangor
Kingfield
Mount Blue
MAINE
Bar Harbor
Blue Hill
Camden
Augusta
Golfe du Maine
Newport
St. Albans
Plattsburgh
Lac Champlain
Burlington
Mount Mansfield
Mount Washington
Bethel
Auburn
Montpelier
Bridgton
Boothbay Harbor
VERMONT
NEW HAMPSHIRE
Portland
Brandon
Woodstock
Hanover
Lake Winnipesaukee
Kennebunk
Rutland
Lebanon
NEW YORK
Claremont
Concord
Dover
Charlestown
Durham
Kittery
Portsmouth
Manchester Center
Keene
Manchester
Bennington
Nashua
Lawrence
Brattleboro
Peterborough
Lowell
Gloucester
Salem
Albany
Cambridge
Boston
MASSACHUSETTS
Pittsfield
Worcester
Framingham
Provincetown
Amherst
Brockton
Cape Cod
Springfield
Plymouth
Pawtucket
Canaan
CONNECTICUT
Falls River
Barnstable
Providence
Chatham
Warwick
Hartford
New Bedford
Bristol
Nantucket Island
RHODE ISLAND
Martha's Vineyard
Nantucket
Waterbury
New Haven
Deep River
Block Island
Océan Atlantique
West Haven
Bridgeport
Stamford
Norwalk
New York
0 50 100km
© Éditions Ulysse

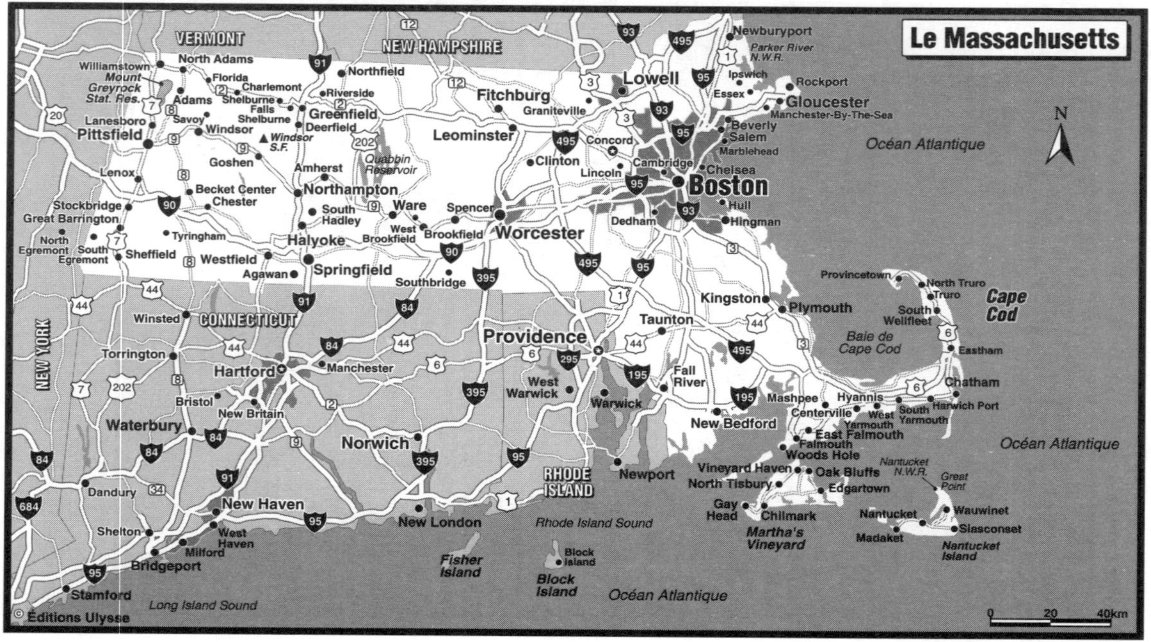
Le Massachusetts
VERMONT
NEW HAMPSHIRE
NEW YORK
CONNECTICUT
RHODE ISLAND
N
Océan Atlantique
Océan Atlantique
Océan Atlantique
Newburyport
Parker River N.W.R.
Lowell
Ipswich
Essex
Rockport
Gloucester
Manchester-By-The-Sea
Beverly
Salem
Marblehead
Chelsea
Boston
Hull
Hingman
Cambridge
Concord
Lincoln
Dedham
Clinton
Fitchburg
Graniteville
Leominster
Worcester
Spencer
Brookfield
West Brookfield
Ware
Quabbin Reservoir
Northfield
Riverside
Greenfield
Deerfield
Amherst
Northampton
South Hadley
Halyoke
Springfield
Agawan
Westfield
Southbridge
Williamstown
North Adams
Mount Greyrock Stat. Res.
Adams
Florida
Charlemont
Shelburne Falls
Shelburne
Savoy
Windsor
Windsor S.F.
Lanesboro
Pittsfield
Goshen
Lenox
Becket Center
Chester
Stockbridge
Great Barrington
North Egremont
South Egremont
Tyringham
Sheffield
Winsted
Torrington
Hartford
Manchester
Bristol
New Britain
Waterbury
Norwich
Dandury
New Haven
West Haven
Milford
Shelton
Bridgeport
Stamford
Long Island Sound
New London
Fisher Island
Block Island
Block Island
Rhode Island Sound
Providence
West Warwick
Warwick
Newport
Taunton
Fall River
New Bedford
Kingston
Plymouth
Provincetown
North Truro
Truro
South Wellfleet
Cape Cod
Baie de Cape Cod
Eastham
Chatham
Harwich Port
South Yarmouth
West Yarmouth
Hyannis
Mashpee
Centerville
East Falmouth
Falmouth
Woods Hole
Vineyard Haven
Oak Bluffs
North Tisbury
Edgartown
Gay Head
Chilmark
Martha's Vineyard
Nantucket N.W.R.
Great Point
Wauwinet
Nantucket
Siasconset
Madaket
Nantucket Island
0
20
40km
© Éditions Ulysse

PORTRAIT

Les Bostoniens, qui ne souffrent visiblement d'aucun problème d'amour-propre, ont tour à tour surnommé leur ville «le centre de l'univers» et «l'Athènes de l'Amérique». Devant tout ce que Boston a à leur offrir, les visiteurs leur pardonneront certes volontiers ces légers excès d'orgueil.

Son aura chargée d'histoire fait de Boston un véritable lieu de pèlerinage pour tous les amateurs d'histoire américaine. Il s'avère pour ainsi dire impossible de trouver aux États-Unis un endroit aussi densément riche de trésors du passé, qu'il s'agisse du point d'accostage du *Mayflower*, des locaux où la guerre d'Indépendance s'est tramée ou des champs qui ont servi de théâtre aux premiers affrontements de la guerre d'Indépendance américaine. Cela est si vrai que vous aurez du mal à faire deux pas sans fouler un champ de bataille colonial, croiser un site ou un monument historique, ou encore vous trouver face à face avec une maison du XVIIIe siècle. Et que dire des sensations presque magiques que provoque la visite des localités parcourues par Paul Revere, de celles où Thoreau et Emerson se sont faits philosophes, de celles où Hawthorne, Melville et Dickinson ont épanché leur plume, ou de celle qui a vu grandir John Kennedy?

Vous êtes ici en terre de premières, celle de la première université du Nouveau Monde (Harvard), de la première école publique et du premier phare. Devant vos yeux s'anime ici tout ce que vous avez appris en classe sur les origines des États-Unis. De plus, à toutes les quelques années, une autre ville des environs célèbre le 350e anniversaire de sa fondation.
Mais il n'y a pas que l'histoire. Le Boston d'aujourd'hui, tout comme Cambridge, de l'autre côté de la rivière Charles, vit résolument au rythme du XXe siècle. Dans le centre-ville, le vénérable capitole du Massachusetts, construit en 1795, est entouré d'édifices financiers postmodernes, de galeries marchandes toute neuves ou récemment rénovées et d'hôtels élancés vers le ciel. Le formidable essor technologique des années soixante et soixante-dix a, pour sa part, contribué à mettre en évidence le sens aigu des affaires et le savoir-faire technique d'une région déjà respectée pour ses cinq grandes universités et ses douzaines de maisons d'enseignement collégial.

La géographie

■ La géologie

La géologie est synonyme de destinée, pourrait-on dire. Cette vérité s'applique en tout cas très bien à Boston et au Cape Cod, dont certains des symboles les plus en vue, qu'il s'agisse de murets de pierres, de villes aux moulins activés par l'eau des rivières, de la Bunker Hill, du Walden Pond ou du cap lui-même, tirent leur origine d'événements géologiques.

La Nouvelle-Angleterre fait partie des plus anciennes masses terrestres encore visibles de la planète. À l'ère cambrienne, il y a un demi-milliard d'années, la région tout entière était recouverte par une gigantesque mer intérieure. Puis, il y a environ un million d'années, l'ère glaciaire l'emprisonna sous des glaces, gagnant de plus en plus en étendue et en volume. Cette masse de glace finit par devenir si vaste et si lourde qu'elle s'affaissa sous son propre poids et déborda de ses limites pour entrer en mouvement. C'est ainsi que, pendant des milliers d'années, la calotte glaciaire prit de plus en plus d'importance, jusqu'à engloutir l'ensemble du territoire de la Nouvelle-Angleterre.

Dans sa course, ce monstre de glace arracha, à son passage, des blocs de pierre parfois aussi volumineux que des maisons, les entraînant avec lui, d'où les nombreux champs de rocs de toute taille qu'on trouve aujourd'hui un peu partout en Nouvelle-Angleterre. Les cultivateurs durent d'ailleurs nettoyer leurs champs d'une quantité phénoménale de pierres, avant de pouvoir y faire pousser quoi que ce soit, dont ils faisaient des murets qui sillonnent encore le paysage de la région.

Les glaces se déplacèrent vers le sud, du Canada à Long Island, nivelant collines et saillies sur leur chemin. Une partie du sol glaciaire se composait d'argile, qui s'attache davantage à lui-même que la glace, et des dépôts de glaise prirent bientôt la forme basse et ovale de drumlins, dont certains longs de plus d'un kilomètre et haut d'une trentaine de mètres. Parmi les drumlins les plus connus de la région, retenons la Bunker Hill et le World's End de Hingham.

Les glaciers vinrent et allèrent à quatre reprises, avançant et se retirant ainsi pendant plus d'un million d'années, avant de quitter définitivement la Nouvelle-Angleterre, il y a maintenant entre 10 000 et 12 000 ans. La dernière poussée glaciaire dessina les contours du Cape Cod, de Martha's Vineyard et de Nantucket, la proue de ce vaisseau de glace repoussant des débris rocheux qui se constituèrent en moraines terminales. Les côtes et les îles en question représentent les vestiges de ces ultimes accumulations de débris.

D'énormes pans de glaciers formèrent par ailleurs, en fondant, des lacs de *kettle*, soit de profonds plans d'eau arrondis dont le Walden Pond est un bon exemple. Soulignons, en passant, que ces bassins se prêtent merveilleusement bien au patin à glace et à la pêche blanche (sous la glace).

Un peu d'histoire

■ La préhistoire

Les Amérindiens de Boston et du Cape Cod faisaient partie de la grande nation algonquine, dont les tribus occupaient le territoire qui s'étend des Carolines au Canada et de l'Atlantique au Mississippi. Sur les îles et le long des côtes du

Massachusetts vivaient ainsi des douzaines de tribus algonquines, y compris les Massachusetts, les Narragansetts, les Wampanoags, les Nausets, les Mattakeses, les Cummaquids, les Pamets, les Monomoyks et les Pawtuckets.

La découverte d'objets près d'Ipswich en 1949 et soumis au test du carbone 14 confirme que des humains vivaient ici dès l'an 7500 av. J.-C. Il s'agissait de chasseurs nomades attirés dans cette contrée par des animaux de grande taille, surtout des caribous, qui se nourrissaient de la toundra créée par les glaciers en retraite. Lorsque les troupeaux s'éteignirent, les nomades n'eurent d'autre choix que de s'adapter à leur nouvel environnement, de se déplacer ou de mourir à leur tour. Ils optèrent pour l'adaptation et apprirent dès lors à manger des huîtres, des pétoncles, des crabes et des *quahogs* (variété de palourdes), mais aussi à pêcher à la lance et au filet.

Grâce à des sources d'aliments fiables, les premiers autochtones purent élargir leurs rangs et devenir plus stables, c'est-à-dire se regrouper en tribus. L'agriculture fit son apparition entre 1 000 et 2 000 ans avant la colonie de Plymouth. Le maïs, une denrée essentielle dérivée au départ d'une graminée d'Amérique centrale il y a environ 7 000 ans, passa de tribu en tribu jusqu'à atteindre la côte de la Nouvelle-Angleterre, il y a près de 800 ans. La tribu des Massachusetts organisa alors ses champs de façon pragmatique, plantant le maïs sur de petites collines et, entre celles-ci de même que parmi les tiges de maïs, des courges, des haricots et des citrouilles. Les tiges de maïs servaient ainsi de tuteurs aux haricots, et les larges feuilles épaisses des courges étouffaient les mauvaises herbes.

Pour avoir examiné leurs squelettes, les archéologues sont en mesure d'affirmer que les Amérindiens qui peuplaient la côte du Massachusetts avant 1620 étaient, pour la plupart, de grande taille, de forte constitution et pourvus d'une bonne dentition (même à un âge avancé, ils avaient souvent encore toutes leurs dents) ainsi que d'une chevelure saine et épaisse. Rien ne laisse entrevoir que ces peuples aient jamais souffert de malnutrition. De plus, jusqu'à ce que les Européens commencent à voyager plus fréquemment vers le Nouveau Monde et à y répandre diverses maladies infectieuses par le biais de leurs déchets, les autochtones n'avaient jamais connu les épidémies et les plaies qui ravageaient régulièrement les régions peuplées du Vieux Continent.

Tout juste avant que ne soit fondée la première colonie européenne permanente à Plymouth, une épidémie de variole transmise par des pêcheurs européens fit périr environ 85 % de la population côtière du Massachusetts. Les premiers rapports entre les quelques autochtones encore vivants et les colons anglais n'en furent pas pour autant chargés d'acrimonie; les Narragansetts fournirent même à la colonie de Plymouth des vivres qui lui permirent de survivre à ses premiers hivers. Par contre, avec l'arrivée de plus en plus de nouveaux colons, les relations ne tardèrent pas à se détériorer.

Au contraire des colons puritains, les Amérindiens percevaient la nature comme un tout organique à l'intérieur duquel chaque entité humaine, animale et végétale remplissait un rôle distinct, destiné à être observé et respecté. Le gaspillage leur faisait horreur, sous quelque forme que ce soit, et il n'avait d'ailleurs aucune place dans leur culture, ce qui explique qu'il subsiste si peu de vestiges de leurs sociétés.

■ Le berceau des États-Unis

Boston et ses environs sont à l'origine de l'album de famille des États-Unis. Ils racontent l'histoire d'une nation issue d'obstacles surmontés à force de persévérance, animée par la foi et bercée de rêves, une histoire captivante sous le signe de l'aventure et de la soif de liberté, tour à tour marquée par l'ingéniosité et le despotisme, et enfin triomphante de l'adversité.

Les premières pages retracent le périple de John Cabot, chargé par le roi Henri VII d'Angleterre de trouver un passage nord-occidental vers l'Orient. Cabot a ainsi exploré la côte du Massachusetts en 1497. Il n'a pas trouvé le passage qu'il cherchait, mais a néanmoins pris possession d'une bonne partie du Nouveau Monde, c'est-à-dire tout ce qui se trouve au nord de la Floride et à l'est des Rocheuses, au nom de la Couronne britannique.

L'explorateur italien Giovanni da Verrazano parcourut le même littoral 27 ans plus tard, réclamant cette fois le territoire pour le compte de son employeur, la France, alors que, tout juste avant lui, le navigateur Miguel Corte Real avait sillonné la région au profit du Portugal.

En 1614, le capitaine anglais John Smith dressa la carte côtière du Massachusetts et fut conquis par sa beauté. Tout soldat de fortune qu'il était, Smith rédigea alors un compte rendu flamboyant de ses observations, décrivant cette terre mystérieuse en faisant état de ses «falaises sablonneuses et rocheuses» plantées de maïs et agrémentées de jardins.

Bien que fasciné par ce nouveau sol, aucun de ces aventuriers n'eut l'idée de poser le geste apparemment le plus sensé, à savoir coloniser l'endroit. Il va sans dire que ces confins du monde pour les Blancs étaient déjà habités depuis au moins cinq siècles par des tribus algonquines, un peuple paisible qui vivait dans des *wigwams* et qui cultivait de main experte le maïs, le tabac, la citrouille et d'autres végétaux. Il chassait, par ailleurs, dans des forêts regorgeant d'orignaux (élans d'Amérique), de cerfs, de dindons sauvages et d'oies, et pêchait aussi bien dans les rivières que dans l'océan, entre autres le bar, le saumon, le homard et la palourde (ces Amérindiens furent les premiers à organiser des *clambakes,* ces pique-niques où l'on fait griller des palourdes et d'autres fruits de mer sur des feuilles de maïs posées sur des roches brûlantes).

Les premiers véritables colons n'étaient pas poussés par l'aventure ou la fortune, mais plutôt par la recherche d'un refuge religieux. C'est ainsi que les puritains, chassés de l'Angleterre anglicane en raison de leurs croyances rigoureusement protestantes, lurent avec le plus grand intérêt le compte rendu de John Smith sur le Nouveau Monde. Pouvait-il s'agir de leur terre d'élection? Ils devaient s'en assurer sans tarder.

Au printemps de 1620, les puritains obtinrent de la Compagnie de Plymouth qu'elle finance l'établissement d'une colonie outre-mer. À la fin de l'été, 102 puritains prirent place à bord du *Mayflower* et entreprirent la difficile traversée de deux mois qui devait les amener en Amérique. Ils aperçurent la terre ferme pour la première fois au Cape Cod, puis longèrent la côte pendant un mois avant de débarquer à Plymouth Rock. Le 21 décembre, la colonie de Plymouth voyait le jour.

Ce premier hiver s'avéra brutal pour les colons et leur fit subir les affres du scorbut, de la pneumonie et d'autres maladies qui décimèrent près de la moitié de leur groupe. Le printemps mit toutefois fin à leurs malheurs et leur permit d'entreprendre leurs premières cultures, mais non sans l'aide des Amérindiens, qui se montraient hospitaliers envers leurs nouveaux voisins. L'automne venu, les Pères Pèlerins et les Amérindiens célébrèrent le premier anniversaire de leur amitié en festoyant ensemble pendant trois jours.

La nouvelle du succès de la colonie s'étant frayée un chemin jusqu'en Angleterre, d'autres puritains prirent la mer pour rejoindre leurs semblables. En 1630, environ 1 000 d'entre eux, à bord de 11 navires, débarquèrent à Salem au cours de la «Grande Migration». Mais bientôt attirés par un vaste port grouillant de vie marine, les colons se déplacèrent vers le sud et firent de Boston leur colonie principale.

En 1636, 12 000 nouveaux immigrants étaient venus grossir les rangs des premiers arrivés. Des pasteurs puritains, conscients du besoin de former les futurs dirigeants de la nouvelle société, fondèrent l'université Harvard et créèrent une cour de justice responsable de la gestion des colonies. Les affaires locales étaient, quant à elles, traitées par les dirigeants des différentes localités dans le cadre d'assemblées régulières, à l'origine des conseils municipaux que l'on connaît aujourd'hui.

Par une ironie du sort, les puritains, eux-mêmes venus en Amérique pour exercer leur droit à la liberté de religion, devaient se montrer intolérants face aux autres pratiques religieuses. En 1651, un visiteur de la colonie du Rhode Island fut ainsi fouetté en public du fait de ses croyances baptistes. Victimes de persécutions en Angleterre, des *quakers* ayant fui le Vieux Continent furent aussi arrêtés sur leurs navires, dans le port de Boston, avant même de pouvoir poser le pied sur la terre promise. De plus, en 1659, deux hommes et une femme furent pendus haut et court dans le Massachusetts pour avoir souscrit aux croyances *quakers*. Les dissidents religieux s'enfuirent alors vers le Rhode Island, qualifié par les puritains d'«égout» de la Nouvelle-Angleterre et de «Rogue's Island» (l'île des mécréants).

C'est encore le fanatisme puritain qui causa la mort prématurée de nombreux autres infortunés en Nouvelle-Angleterre, car au dire des autorités en place, des sorcières possédées du démon rôdaient dans les environs et jetaient des sorts aux innocents.

Ce genre d'accusations donna lieu à des procès de sorcellerie à Charlestown en 1648, puis à Boston en 1655; mais c'est à Salem, en 1692, que se produisit le plus horrible massacre. Après avoir emprisonné des centaines de personnes dans une «maison de sorcières», les puritains en exécutèrent 19, y compris un octogénaire du nom de Giles Corey, condamné à mort malgré une revendication de non-lieu.

Les puritains s'avérèrent, en outre, être un véritable cauchemar pour les peuples indigènes. Résolus à les «sauver» du paganisme, des missionnaires traduisirent la Bible en algonquin et entreprirent de faire de nouveaux chrétiens. Vers les années 1670, près du quart de la population amérindienne avait officiellement embrassé la foi qui lui était imposée. Mais cela ne suffisait pas. Les puritains ne voulaient pas seulement des convertis de nom, mais désiraient voir une race entière renoncer à ses coutumes plusieurs fois centenaires et à son mode d'existence même.

Au fur et à mesure que les colonies prenaient de l'ampleur, la population amérindienne devenait de plus en plus gênante. Plusieurs échauffourées en résultèrent, mais ce fut la guerre du «roi Philip», entre 1675 et 1676, qui marqua le commencement de la fin pour les autochtones de la Nouvelle-Angleterre. Poussé par les colons à abandonner ses terres, le chef Metacomet (dit le «roi Philip») livra une série de batailles contre ceux qui empiétaient sur son territoire. Il perdit toutefois un affrontement décisif, le combat de Great Swamp, près de Kingston (Rhode Island), au cours duquel des colons du Massachusetts et du Connecticut incendièrent des *wigwams*, tuèrent des centaines de femmes et d'enfants, et mirent les forces amérindiennes en déroute.

Trahi par un des siens, le «roi Philip» fut capturé peu de temps après, pour être décapité et écartelé. Sa tête fut exposée sur un gibet de Plymouth, pendant 20 ans, en souvenir de la victoire des Blancs. Ainsi, à peine quatre décennies après que les Amérindiens eurent accueilli les premiers puritains sur leur sol, ceux-ci les avaient déjà décimés.

Bien que les Amérindiens eussent chèrement payé l'arrivée des Européens en Amérique, les colons eux-mêmes s'en tiraient fort bien. Ils eurent tôt fait de découvrir que les eaux de Boston regorgeaient de morues et, dans les années 1640, ils expédiaient déjà de la morue séchée vers les Antilles et la Méditerranée, en échange de quoi ils obtenaient du sucre, de l'or et de la mélasse. Dans les années 1670, Boston dominait les exportations vers les Antilles et, en 1700, la ville était devenue le troisième port en importance de l'Empire britannique, derrière Londres et Bristol.

L'Angleterre en avait cependant contre cette colonie arriviste, si bien qu'elle se mit à réglementer et à taxer son commerce extérieur. En 1764, ce fut la «Loi sur le revenu» (*Revenue Act*), qui visait à percevoir des droits sur la soie, le sucre et certains vins. Les colons se rebellèrent et boycottèrent aussitôt les barrières tarifaires qui leur étaient imposées.

L'Angleterre resta cependant sur ses positions et, un an plus tard, elle infligea aux colonies la «Loi des timbres» (*Stamp Act*), qui taxait tous les documents légaux et commerciaux, dont les journaux et les permis. Outragés, les colons s'opposèrent à cette nouvelle taxe et refusèrent d'acheter tout bien en provenance de l'Europe. «*Pas de taxe sans représentation*», s'écrièrent-ils. Tous les agents chargés de percevoir les droits de timbre dans les colonies quittèrent leur poste et, avant que la loi ne puisse prendre effet le 1er novembre, le Parlement dut l'abroger.

La colère ne cessait toutefois de grandir dans les colonies, et elle céda bientôt le pas à des émeutes. L'Angleterre réagit en dépêchant des troupes pour occuper Boston en 1768. Les soulèvements contre la Couronne britannique atteignirent leur paroxysme en 1770 lors du «massacre de Boston», un affrontement entre colons et soldats anglais au terme duquel cinq colons gisaient morts sur King Street, aujourd'hui devenue State Street.

L'Angleterre abolit la plupart des taxes de Townshend, mais continua néanmoins à percevoir des droits sur le thé importé, alors la boisson la plus populaire en Amérique. Les habitants de la Nouvelle-Angleterre se vengèrent en achetant du thé de contrebande. En 1773, lorsque la «Loi sur le thé» (*Tea Act*) inonda le marché de thé de mauvaise qualité, les agents en poste se mirent à refuser toutes les livraisons, sauf celles qui étaient destinées au gouverneur de Boston, Thomas Hutchinson.

Trois navires chargés de thé ayant mouillé dans le port de Boston, les comités de correspondance et les «Fils de la liberté», des activistes pré-révolutionnaires, bloquèrent l'accès aux quais. Mais le gouverneur Hutchinson se refusait à laisser les bateaux repartir vers l'Angleterre, si bien que les protestataires le convièrent à un petit thé quelque peu particulier (*Boston Tea Party*).

Déguisés en Amérindiens, 60 «Fils de la liberté» montèrent à bord des navires en rade au cours de la nuit du 16 décembre 1773 et jetèrent dans les eaux du port 342 coffres de thé. C'était là un geste de défi, augurant lourdement des événements à venir : il y avait de la révolution dans l'air.

Le 19 avril 1775, une simple décharge de mousquet déclencha le premier conflit armé d'envergure des États-Unis. «Le coup de feu qui retentit de par le monde» se fit entendre lors de la bataille de Lexington et de Concord, déclenchée par les «Tuniques rouges» dans le but de mettre fin aux soulèvements révolutionnaires dans les environs de Boston.

Avertis de l'arrivée des Anglais par Paul Revere, 77 *Minutemen* se tapirent dans l'obscurité matinale, prêts à réagir à l'attaque des soldats britanniques. Au cours de leur avancée, ceux-ci tuèrent huit rebelles et en blessèrent 10 autres sur l'actuel *green* de Lexington, avant de poursuivre leur route jusqu'à Concord, où ils détruisirent une cache d'armes avant d'être finalement évincés.

Le 17 juin 1775, les colons livrèrent la première bataille importante de la guerre, désignée sous le nom de bataille de Bunker Hill, même si elle s'est en fait déroulée sur la Breed's Hill voisine (sur la péninsule de Charlestown, près de Boston). Après avoir soutenu deux assauts des Anglais, les Américains vinrent à manquer de munitions et durent battre en retraite.

Bien que ce fusse là une victoire technique pour l'Angleterre, Bunker Hill coûta plus de 1 000 soldats à la Couronne, un chiffre deux fois plus élevé que celui des pertes coloniales. Qui plus est, cet affrontement démontrait clairement que les

Minutemen, de simples volontaires, étaient de taille à affronter les troupes britanniques, pourtant beaucoup mieux entraînées. Les Anglais quittèrent définitivement la ville le 17 mars 1776, et Boston ne fut jamais plus le théâtre d'un seul combat.

Le 4 juillet 1776, la «Déclaration d'indépendance» fut adoptée par le «Congrès continental» et, six ans plus tard, les colonies furent affranchies du joug de la Couronne britannique.

■ Après l'indépendance, le commerce

Lorsqu'ils eurent obtenu leur indépendance, les Américains tournèrent leurs pensées vers le commerce. Mais la perte des marchés britanniques accula Boston à la dépression, et la ville se mit à chercher des partenaires en Extrême-Orient. C'est ainsi que soieries, épices et porcelaines commencèrent à affluer, et que Salem devint un port de premier plan, réputé pour ses échanges commerciaux avec la Chine.

Les marchands les plus prospères de Boston firent fortune. Il s'agissait d'un groupe de familles influentes qu'on vint à désigner du nom d'«aristocratie de la morue». Eux-mêmes préféraient s'appeler «brahmanes de Boston», usurpant ainsi le titre des prêtres de caste hindous. Ce petit groupe comptait dans ses rangs les Cabot, Lowell et Hancock, qui gouvernaient la ville selon les règles d'un élitisme hors de portée. Ils faisaient même courir le bruit que «les Lowell ne parlent qu'aux Cabot, et les Cabot ne s'adressent qu'à Dieu en personne».

Les «brahmanes» érigèrent sur Beacon Hill des monuments à leur prospérité, dans un quartier exclusif qui définit le caractère social de Boston jusqu'au milieu du XIXe siècle. Beacon Hill accueillait des intellectuels de la trempe de Francis Parkman, William James, Henry Wadsworth Longfellow, James Russell Lowell, Bronson Alcott, Julia Ward Howe et Horace Mann.

Les grands esprits abondaient dans toute la région. Artistes, penseurs et génies littéraires devaient ainsi alimenter la vibrante flamme de Boston et des côtes du Massachusetts pour des siècles à venir. Nathaniel Hawthorne vivait à Salem; Rudyard Kipling et Winslow Homer, non loin de là, sur le North Shore; et Henry David Thoreau, au Cape Cod.

La mer fut généreuse pour le Massachusetts au cours du XVIII⁰ siècle. Les côtes s'animaient sous la poussée de l'industrie baleinière, Nantucket et New Bedford s'imposant alors comme des ports respectables, tandis que le North Shore voyait se multiplier les villages de pêcheurs. Puis, en 1850, Boston devint le plus important centre de construction de *clippers*, ces gracieuses nacelles qui voguaient ensuite vers les quatre coins du globe. Pour s'adapter au commerce, qui prenait d'ailleurs de plus en plus d'ampleur, la ville construisit de nombreux quais sur son front de mer. L'époque des *clippers* connut toutefois une fin abrupte lorsque les bateaux à vapeur firent leur apparition, en lesquels les Bostoniens conservateurs n'avaient aucune confiance et qu'ils se refusaient à construire. Les riches négociants investirent donc leurs capitaux dans l'industrie manufacturière, et le port sombra dans un long marasme.

Le milieu du XIX⁰ siècle vit aussi la création de certaines des institutions culturelles les plus célèbres de Boston, dont la Boston Public Library (bibliothèque municipale), le Boston Symphony Orchestra, le Massachusetts Institute of Technology et l'université de Boston, d'ailleurs la première à admettre les femmes au même titre que les hommes. Cette richesse culturelle valut à la ville un nouveau surnom, celui d'«Athènes d'Amérique». Les remous politiques n'avaient cependant pas pris fin avec la guerre d'Indépendance, puisque l'abolitionnisme n'avait cessé de croître dans la région de Boston au cours du XIX⁰ siècle, et William Lloyd Garrison publia son *Liberator* pendant 34 ans malgré des menaces constantes et même après avoir été traîné dans les rues par des factions en colère.

■ L'immigration au XIX⁰ siècle

Cette zone urbaine bouillonnante attira des milliers d'immigrants, à commencer par les Irlandais au cours des années 1840, chassés de leur terre natale par la grande famine provoquée par la maladie de la pomme de terre. Ces nouveaux venus changèrent à tout jamais le visage de la ville *yankee*. D'abord vertement rejetés par les Bostoniens de la vieille garde («Irlandais, s'abstenir», pouvait-on lire un peu partout), ils finirent par devenir assez nombreux pour accéder au pouvoir politique. Le premier maire irlandais fut élu en 1885, et c'est à ce peuple que les États-Unis doivent des dirigeants tels que les anciens *speakers* de la Chambre des représentants John W. McCormack et Tip O'Neill, mais aussi James Michael Curley et le clan Kennedy.

En 1860, 61 % des habitants de Boston avaient vu le jour à l'étranger, et la ville se transforma en véritable kaléidoscope ethnique au cours des années 1880, lorsque des vagues d'immigrants italiens, polonais et russes débarquèrent dans son port, multipliant sa population par 30!

À cette époque, les frontières mêmes de la ville s'élargissaient. Au milieu du XIXe siècle, Boston avait en effet commencé à remblayer sa baie entre Beacon Hill et Brookline pour former un quartier aujourd'hui connu sous le nom de Back Bay. D'autres terres marécageuses, situées plus au sud, furent également asséchées et vinrent à former le South End. C'est ainsi qu'à la fin du siècle Boston avait vu tripler sa superficie grâce à divers travaux de remblai et de terrassement.

Mais peu après, l'économie de Boston accusa un terrible déclin qui se poursuivit jusqu'aux années soixante. La ville perdit son statut de port de premier plan au profit de New York et de Baltimore, et ses usines de textiles, de chaussures et de verre se déplacèrent vers le sud, à la recherche de main-d'œuvre moins coûteuse et de frais d'exploitation moins élevés. La population décrut même au cours des années quarante et cinquante, Boston devenant ainsi la seule ville américaine d'envergure à voir baisser le nombre de ses habitants au cours de la période d'explosion démographique d'après-guerre. La ville fut en outre contrainte de subir les affres de cette chute libre pendant plusieurs décennies.

■ Le retour des beaux jours

Les beaux jours finirent toutefois par revenir à Boston. Dans les années soixante, l'élite protestante et les catholiques irlandais unirent enfin leurs forces pour gérer les affaires de la ville. C'est alors que des projets de renouveau urbain donnèrent naissance au nouveau Government Center et aux tours Prudential et Hancock, aujourd'hui si éminentes dans le paysage bostonien. La révolution technologique des années soixante-dix et quatre-vingt donna également un nouveau souffle à l'économie de la ville.

Mais la prospérité entraîna aussi des problèmes. Au début des années soixante-dix, une décision judiciaire portant sur le transport d'élèves qui fréquentaient des écoles accusant un déséquilibre racial marqué suscita des manifestations et des protestations, surtout à South Boston et à Charlestown. La crise qui en résulta se perpétua pendant plusieurs années. De plus, bien qu'au cours des années quatre-vingt les Noirs aient commencé à acquérir plus de pouvoir sur la scène locale, au sein du gouvernement d'État de même que dans les entreprises privées, les tensions raciales persistent à ce jour au cœur de la métropole.

Aujourd'hui, l'enseignement supérieur demeure l'«industrie» première de Boston, puisqu'au dernier recensement on y dénombrait 47 collèges et universités. En outre, le tourisme constitue, pour sa part, une importante source de revenus, tant dans la ville même que sur la côte et au Cape Cod.

Quoi qu'il en soit, au-delà des centres de haute technologie et des attraits touristiques, l'incontournable passé historique de Boston ne cesse de ressurgir, que ce soit dans les monuments de la guerre d'Indépendance, dans les capitoles du XVIIIe siècle ou dans les clochers des églises qui ont accueilli les premières congrégations d'Américains. Il suffit de visiter la maison de Paul Revere ou le monument de Bunker Hill pour s'imprégner des sites qui ont donné naissance à ce pays, car le passé de Boston se confond avec celui des États-Unis, d'autant plus que la région demeure un nerf vital du présent comme de l'avenir de la nation américaine.

RENSEIGNEMENTS GÉNÉRAUX

Le présent chapitre a pour objectif d'aider les voyageurs à mieux planifier leur séjour à Boston.

Prenez note que l'indicatif régional de Boston est le 617. Aussi, par souci d'économie d'espace, l'avons-nous supprimé dans le présent ouvrage. À moins d'indication contraire, prenez donc pour acquis que le préfixe est toujours le 617.

Formalités d'entrée

Pour entrer aux États-Unis, les Québécois et les Canadiens n'ont pas besoin de visa. Il en va de même pour la plupart des citoyens des pays de l'Europe de l'Ouest. En effet, seul un passeport valide suffit, et aucun visa n'est requis pour un séjour de moins de trois mois. Un billet de retour ainsi qu'une preuve de fonds suffisants pour couvrir le séjour peuvent être demandés. Pour un séjour de plus de trois mois, tout voyageur est tenu d'obtenir un visa (120 $US) à l'ambassade des États-Unis de son pays.

26 Renseignements généraux

Précaution : Les soins hospitaliers étant extrêmement élevés aux États-Unis, il est conseillé de se munir d'une bonne assurance-maladie. Pour plus d'information, voir la section «La santé» (p 40).

Douane

Les étrangers peuvent entrer aux États-Unis avec 200 cigarettes (ou 100 cigares) et des achats en franchise de douane (*duty-free*) d'une valeur de 400 $US, incluant les cadeaux personnels et un litre d'alcool (vous devez être âgé d'au moins 21 ans pour avoir droit à l'alcool). Vous n'êtes soumis à aucune limite en ce qui a trait au montant des devises avec lequel vous voyagez, mais vous devrez remplir un formulaire spécial si vous transportez l'équivalent de plus de 10 000 $US. Les médicaments d'ordonnance devraient être placés dans des contenants clairement identifiés à cet effet (il se peut que vous ayez à produire une ordonnance ou une déclaration écrite de votre médecin à l'intention des officiers de douane). La viande et ses dérivés, les denrées alimentaires de toute nature, les graines, les plantes, les fruits et les narcotiques ne peuvent être introduits aux États-Unis.

Pour de plus amples renseignements, adressez-vous au :

United States Customs Service
1301 Constitution Avenue Northwest
Washington, DC 20229
☎ (202) 566-8195.

L'accès à la ville

■ **Par avion**

Du Québec

À partir de Montréal, Delta et Air Alliance proposent des vols réguliers vers Boston. Pour sa part, Air Canada vole plusieurs fois par jour sur Boston.

L'accès à la ville 27

De l'Europe

La compagnie TransWorld Airlines est la seule à relier Paris et Boston directement. Elle propose plusieurs vols par semaine en haute saison. Les autres compagnies majeures desservent également Boston, mais avec une escale à New York. S'il vous est difficile de trouver une correspondance à partir de l'Europe, vous pouvez prendre un vol direct vers New York (aéroport LaGuardia), puis prendre une navette vers Boston. Ces dernières partent à peu près à toutes les heures, et vous n'avez pas besoin de réservation. Le coût du billet (New York-Boston) est d'environ 120$ US.

Aéroport de Boston

Le **Logan International Airport** est situé à proximité du centre-ville. Il s'agit d'un aéroport moderne desservi par une très grande quantité de compagnies aériennes.

Plusieurs services de limousine et d'autobus relient l'aéroport à différents points du centre-ville. Adressez-vous à **Carey Limousine** (☎ *623-8700*), à **Commonwealth Limousine Service** (☎ *787-5575*) ou à **Peter Pan Bus Lines** (☎ *426-7838*).

Vous pouvez également rejoindre Boston par métro en empruntant gratuitement l'autobus de Massport jusqu'à la station Airport de la ligne Bleue. Un passage pour le métro coûte 0,85$ US.

La façon la plus élégante de se rendre au centre-ville consiste cependant à emprunter l'**Airport Water Shuttle** (☎ *330-8680*), qui, par la voie des eaux, vous fait agréablement traverser le port de Boston en 10 min, faisant complètement fi de la circulation routière.

■ En voiture

Beaucoup de Québécois choisissent l'automobile comme moyen de transport pour gagner Boston. L'itinéraire classique, et le plus rapide, consiste à emprunter l'autoroute 10 Sud, puis la route 35 Sud, qui devient la route 133 jusqu'à la frontière américaine. De là, l'autoroute 89 Sud prend la relève. Prenez la sortie 1S Interstate 93, et continuez sur cette dernière jusqu'à Boston. L'autoroute I-93 vous conduit au centre-ville.

En arrivant par la route, vous devez porter une attention particulière aux panneaux de signalisation, car les routes changent fréquemment de nom et de numéro. Il faut également noter que, pour une bonne partie des années quatre-vingt-dix, la circulation sera considérablement gênée par la réalisation d'un projet d'envergure visant la construction d'un troisième tunnel sous le port ainsi que l'enfouissement de la Central Artery. Par ailleurs, il vaut mieux ne pas se déplacer en voiture dans le centre-ville, dont les rues étroites et enchevêtrées sont parfois envahies par de véritables casse-cou. Utilisez plutôt votre voiture pour visiter les banlieues du grand Boston ou les régions limitrophes.

La **route 93** traverse directement la ville dans son axe nord-sud; dans la région du centre-ville, elle porte le nom de Central Artery, alors qu'entre Boston et la route 128, à Braintree, elle devient la John Fitzgerald Expressway, ou Southeast Expressway.

Tableau des distances

Boston					
521	Montréal				
348	613	New York			
190	711	472	Provincetown		
774	253	866	964	Québec	
483	538	831	673	792	Toronto

■ Par autocar

Après la voiture, l'autocar constitue le meilleur moyen de transport pour se déplacer d'une ville à l'autre aux États-Unis. Bien répartis et peu chers, les autocars couvrent la majeure partie du pays.

Greyhound Bus Lines dessert Boston par autobus de tous les coins des États-Unis et à partir de Montréal; le terminus central se trouve à South Station *(2 South Station, ☎ 1-800-231-2222)*. Les autres transporteurs incluent **Bonanza Bus Lines** *(145 Dartmouth Street, gare de Back Bay, ☎ 720-4110)*, qui relie la ville au Cape Cod; **Peter Pan Bus Lines** *(555 Atlantic Avenue, ☎ 426-7838)*, à partir de New York, du New Hampshire et du Cape Cod; et **Concord Trailways** *(555 Atlantic Avenue, ☎ 426-8080)*, à partir de certaines localités du New Hampshire seulement.

Les Québécois et les Canadiens peuvent faire leur réservation directement auprès de la compagnie Voyageur, laquelle, à Montréal *(☎ 514-842-2281)* et à Toronto *(☎ 416-393-7911)*, représente la compagnie Greyhound.

Sur presque toutes les lignes, il est interdit de fumer. En général, les enfants de cinq ans et moins sont transportés gratuitement. Les personnes de 60 ans et plus ont droit à d'importantes réductions. Les animaux ne sont pas admis.

■ Par train

Aux États-Unis, le train ne constitue pas toujours le moyen de transport le moins cher, et il n'est sûrement pas le plus rapide. Cependant, il peut être intéressant pour les grandes distances, car il procure un bon confort (essayez d'obtenir une place dans une des voitures panoramiques pour profiter au maximum du paysage). Pour obtenir les horaires et les destinations desservies, communiquez avec la société AMTRAK, la propriétaire actuelle du réseau ferroviaire américain *(sans frais en Amérique du Nord, ☎ 1-800-872-7245)*.

Ambassades et consulats des États-Unis à l'étranger

■ Au Québec

Consulat des États-Unis
Place Félix-Martin
1155, rue Saint-Alexandre
Montréal H2Z 1Z2
☎ (514) 398-9695

■ En Europe

France
Ambassade des États-Unis
2, avenue Gabriel
75382 Paris cedex 08
☎ (1) 42-96-12-02
☎ (1) 42-61-80-75
≈ (1) 42-66-97-83

Consulat des États-Unis
22, cours du Maréchal Foch
33080 Bordeaux cedex
☎ (56) 52-65-95
≈ (56) 51-60-42

Consulat des États-Unis
12, boulevard Paul-Peytral
13286 Marseille cedex
☎ (91) 54-92-00
≈ (91) 55-09-47

Consulat des États-Unis
15, avenue d'Alsace
67082 Strasbourg cedex
☎ (88) 35-31-04
≈ (88) 24-06-95

Belgique
Ambassade des États-Unis
27, boulevard du Régent
B-1000 Bruxelles
☎ (2) 513-3830
≈ (2) 511-2725

Espagne
Ambassade des États-Unis
Serano 75
28001 Madrid
☎ (1) 577-4000
≈ (1) 564-1652
Telex (1) 277-63

Luxembourg
Ambassade des États-Unis
22, boulevard Emmanuel-Servais
2535 Luxembourg
☎ (352) 46-01-23
≠ (352) 46-14-01

Suisse
Ambassade des États-Unis
93, Jubilaum strasse
3000 Berne
☎ 31-43-70-11

Italie
Ambassade des États-unis
Via Vittorio Vérito
11917-121 Roma
☎ 467-41
≠ 610-450

Consulats étrangers à Boston

Canada
3 Copeley Place
Bureau 400
Boston
MA 02116
☎ 262-3760
≠ 262-3415

France
3 Commonwealth Avenue
Boston
MA 02116
☎ 266-1680
≠ 437-1090

32 Renseignements généraux

Belgique
300 Commercial Street
Bureau 29
Malden
MA 02148
☎ 397-8566
= 397-6752

Suisse
La Suisse n'est pas représentée à Boston; par contre, elle a un consulat dans la ville de New York :
665 5th Avenue
Rollex Building, 8th Floor
New York
NY 10022
☎ (212) 758-2560
= (212) 207-8024

Italie
L'Italie n'est pas représentée à Boston; par contre, elle a un consulat dans la ville de New York :
690 Park Avenue
New York
NY 10021
☎ (212) 737-9100
= (212) 249-4945

Renseignements touristiques

Pour toute demande de renseignements touristiques, adressez-vous aux adresses suivantes :

Massachusetts Travel and Tourism Office
100 Cambridge Street
Government Center, 13th floor
Boston
MA 02202
☎ 727-3201
☎ 1-800-447-6277
= 727-6525

Greater Boston Convention and Visitor's Bureau
800 Boylston Street
Prudential Center
P.O. Box 990468
Boston
MA 02199
☎ 536-4100

En France
Express Conseil
5 bis, rue du Louvre
75001 Paris
☎ 44.77.88.07
≈ 42.60.05.45

```
┌─────────────────────────────────────────────────────┐
│                   NUMÉROS UTILES                    │
│                                                     │
│ Urgences ............................  ☎ 911       │
│ Massachusetts General Hospital .......  ☎ 726-2000 │
│ Poison Control Center                               │
│    (aide aux victimes d'empoisonnement) ☎ 232-2120 │
│ Rape Crisis Hotline                                 │
│    (aide aux victimes de viol) ........ ☎ 492-7273 │
│ AAA Motor Club (Club Automobile) . ☎ 1-800-222-4357│
│ Greater Boston Convention                           │
│    and Visitor's Bureau .............. ☎ 426-3115  │
│ Météo ...............................  ☎ 936-1234 │
│ Boston Bruins (hockey) ..............  ☎ 227-3200  │
│ Boston Celtics (basket-ball) ........  ☎ 523-3030  │
│ Boston Red Sox (base-ball) ..........  ☎ 267-8661  │
│ Events Hotline (événements spéciaux) .. ☎ 635-3911 │
└─────────────────────────────────────────────────────┘
```

Vos déplacements dans la ville et dans les environs

■ Orientation générale

Boston constitue une plaque tournante de la culture américaine. Cette ville fut le berceau de la révolution américaine avec les grandes manifestations de Samuel Adams contre les taxes britanniques. Les rues nous racontent les murmures de cette cohorte déguisée en Amérindiens se préparant pour le *Boston Tea Party*. Boston possède de spectaculaires quartiers historiques rappelant ceux du Vieux Continent, où l'on se surprend à rêver aux voitures anciennes et aux habits d'époque.

Boston est un immense dédale; les quartiers de North End et de Cambridge ont été construits le long d'anciens sentiers de vaches! Prenez pour acquis que vous allez vous perdre. Mais se perdre à Boston est presque romantique. Un après-midi à flâner sans direction dans les rues anciennes de Beacon Hill risque d'alimenter un rêve ou deux. Ne vous en faites pas; après quelques heures dans la ville, vous vous sentirez chez vous.

Beacon Hill est le centre névralgique de la ville ainsi qu'un des plus beaux quartiers historiques des États-Unis. Bénéficiant en son centre du magnifique parc du Boston Common, ce quartier se compose de glorieuses maisons victoriennes, gardiennes de ce passé si précieux. Au nord se trouve le Government Center, un quartier rempli de sites touristiques intéressants et de gratte-ciel impersonnels. C'est ici qu'on retrouve la Faneuil Hall Marketplace, ajoutant une riche valeur historique au plaisir du magasinage contemporain.

Sur la pointe de la presqu'île s'étend, entre la rivière Charles et le Government Center, le North End. On y retrouve la Freedom Trail, qui mène les visiteurs vers la maison de Paul Revere et vers les autres vestiges du Boston colonial. En continuant sur l'avenue Atlantique, on arrive dans le Waterfront et le port de Boston, bastion de la fière tradition maritime de la ville. Plus au sud s'allonge le Financial District, monument de la santé économique de Boston. On y rencontre une pléiade de boutiques sympathiques où il fait bon se balader.

Enfin, Boston, avec ses petites rues romantiques, ses terrasses à l'européenne et son énergie bien américaine, a de tout pour plaire au voyageur. N'hésitez pas à vous laisser envoûter par cette ville, car elle vous charmera en vous racontant ses grandes histoires de révolution.

Vos déplacements dans la ville et dans les environs 35

■ **Les transports en commun**

Bien organisés et peu chers, les transports en commun sont la solution pour se déplacer en ville. Boston est le paradis des piétons et l'enfer des automobilistes. Le métro, appelé le «T» à cause du signe indiquant les stations, est divisé en quatre lignes de couleur rouge, bleu, orange et vert. Les trains *inbound* se dirigent vers le centre-ville (stations Park Street, Downtown Crossing, State et Government Center), alors que les trains *outbound* s'éloignent du centre-ville.

Le coût d'un passage adulte est de 0,85 $US, alors que les enfants de 6 à 11 ans paient 0,30 $US, et que c'est gratuit pour les enfants de moins de six ans. Vous pouvez payer à l'aide de jetons, du montant exact ou d'une passe mensuelle. Il est également possible d'acheter une passe touristique en vigueur pour trois ou sept jours. Notez que certaines stations n'ont pas de changeur et qu'il faut souvent avoir la monnaie exacte. Le métro de Boston est ouvert du lundi au samedi de 5 h à 24 h 45 et le dimanche et les jours fériés de 6 h à 24 h 45.

La Massachusetts Bay Transportation Authority (MBTA) possède également un parc d'autobus qui dessert tous les secteurs de Boston et de Cambridge. Le tarif courant est de 0,60 $US par trajet, et vous devez avoir en main la monnaie exacte.

■ **En voiture**

Comme pour toutes les grandes villes, l'automobile ne constitue sûrement pas le moyen le plus efficace ni le plus agréable pour visiter Boston. Les embouteillages, nombreux et denses, et la difficulté de trouver des places où garer votre voiture vous feront perdre plus de temps qu'autre chose, du moins lors de votre découverte du centre de la ville. Nous vous conseillons donc fortement de découvrir Boston à pied et, pour parcourir des distances plus longues, d'utiliser les transports publics, fort bien organisés.

Si malgré tout vous souhaitez louer une voiture, rappelez-vous que plusieurs entreprises exigent que leurs clients soient âgés d'au moins 25 ans et qu'ils soient en possession d'une carte de crédit reconnue. Voici quelques adresses d'entreprises de location de voitures ayant un bureau au cœur de Boston :

Avis
Information et réservation à l'intérieur des États-Unis :
☎ 1-800-331-1212
Information et réservation à partir de l'étranger :
☎ 1-800-331-1084
41 Westland Avenue : ☎ 534-1400
54 High Street : ☎ 534-1400
3 Center Plaza : ☎ 534-1400
1 Bennet Street, Cambridge : ☎ 534-1400
Logan International Airport : ☎ 561-3500

Budget
Information et réservation : ☎ 1-800-527-0700

133 Federal Street : ☎ 787-8200
24 Park Plaza : ☎ 787-8200
220 Massachusetts Avenue, Cambridge : ☎ 787-8200
150 Huntington Avenue : ☎ 787-8200

Hertz
Information et réservation des États-Unis et de l'étranger :
☎ 1-800-654-3131

2 Center Plaza : ☎ 338-1512
13 Holyoke Street, Cambridge : ☎ 338-1520
Park Square : ☎ 338-1500
10 Huntington Avenue : ☎ 338-1510

Quelques conseils

Permis de conduire : en règle générale, les permis de conduire européens sont valables. Les visiteurs québécois et canadiens n'ont pas besoin de permis international, et leur permis de conduire est tout à fait valable aux États-Unis. Soyez averti que plusieurs États sont reliés par système informatique avec les services de police du Québec pour le contrôle des infractions routières. Une contravention émise aux États-Unis est automatiquement reportée à son dossier au Québec.

Code de la route : attention, il n'y a pas de priorité à droite. Ce sont les panneaux de signalisation qui indiquent la priorité à chaque intersection. Ces panneaux marqués *«Stop»* sur fond rouge sont à respecter scrupuleusement! Vous verrez fréquemment un genre de stop, au bas duquel figure un petit rectangle rouge dans lequel il est inscrit *«4-Way»*. Cela signifie que tout le monde doit marquer l'arrêt et qu'aucune voie n'est prioritaire. Il faut que vous marquiez l'arrêt complet, même s'il vous semble n'y avoir aucun danger apparent. Si deux voitures arrivent en même temps à l'un de ces arrêts, la règle de la priorité à droite prédomine. Dans les autres cas, la voiture arrivée la première passe.

Les feux de circulation se trouvent le plus souvent de l'autre côté de l'intersection. Faites attention où vous marquez l'arrêt.

À noter qu'il est permis de tourner à droite sur un feu rouge, après bien entendu avoir vérifié qu'il n'y ait aucun danger.

Lorsqu'un autobus scolaire (de couleur jaune) est à l'arrêt (feux clignotants allumés), il est obligatoire de vous arrêter quelle que soit votre direction. Le manquement à cette règle est considéré comme une faute grave!

Le port de la ceinture de sécurité est obligatoire.

Les autoroutes sont gratuites, sauf en ce qui concerne la plupart des Interstate Highways, désignées par la lettre «I», suivie d'un numéro. Les panneaux indicateurs se reconnaissent à leur forme presque arrondie (le haut du panneau est découpé de telle sorte qu'il fait deux vagues) et à leur couleur bleue. Sur ce fond bleu, le numéro de l'Interstate ainsi que le nom de l'État traversé sont inscrits en blanc. Au haut du panneau figure la mention *«Interstate»* sur fond rouge.

La vitesse est limitée à 55 mph (88 km/h) sur la plupart des grandes routes. Le panneau de signalisation de ces grandes routes se reconnaît à sa forme carrée, bordée de noir et dans lequel le numéro de la route est largement inscrit en noir sur fond blanc.

Sur les Interstates, la limite de vitesse monte à 65 mph (104 km/h).

Le panneau triangulaire rouge et blanc où vous pouvez lire la mention «*Yield*» signifie que vous devez ralentir et céder le passage aux véhicules qui croisent votre chemin.

La limite de vitesse vous sera annoncée par un panneau routier de forme carrée et de couleurs blanche et noire sur lequel est inscrit «*Speed Limit*», suivi de la vitesse limite autorisée.

Le panneau rond et jaune, barré d'une croix noire et de deux lettres «R», indique un passage à niveau.

Postes d'essence : les États-Unis étant un pays producteur de pétrole, l'essence est nettement moins chère qu'en Europe, et même qu'au Québec et au Canada, en raison des taxes moins élevées.

■ En taxi

De très nombreux taxis sillonnent les rues de Boston. Vous n'aurez, la plupart du temps, qu'à lever le bras pour en héler un. Voici, quoi qu'il en soit, les coordonnées de quelques entreprises opérant un parc de taxis :

Town Taxi
☎ 536-5000

Checker/Yellow Cab
☎ 536-7000

Red Cab
☎ 734-5000.

■ À pied

C'est habituellement à pied que l'on apprécie le mieux une ville. Boston n'échappe d'ailleurs pas à cette règle. C'est encore ce moyen de locomotion qui permet le mieux de goûter la richesse architecturale de Boston, de profiter de ses nombreuses places publiques ou de s'adonner au lèche-vitrines. Le présent guide propose plusieurs balades à travers les différents quartiers de Boston, que vous pourrez parcourir à pied. Alors, lors de votre séjour dans cette ville, soyez sûr de ne pas oublier vos tennis...

■ À vélo

Les cyclistes prendront grand plaisir à parcourir la ville à vélo. Parmi les plus belles randonnées possibles, notons la Greenbelt Bikeway, qui suit le Hemerald Necklace (le collier d'émeraude). Le Hemerald Necklace est en fait le surnom donné à une série de parcs qui s'étend du Boston Common au Franklin Park. Une autre belle excursion est le sentier du Dr. Paul Dudley White. Ce dernier débute près de la rivière Charles et vous guide à travers plusieurs quartiers de la ville. Vous pouvez vous procurer une carte des sentiers cyclables ainsi que des références pour la location de vélos en téléphonant au Boston Area Bicycle Coalition (☎ 491-7433).

Les assurances

■ Annulation

Cette assurance est normalement proposée par l'agent de voyages au moment de l'achat du billet d'avion ou du forfait. Elle permet le remboursement du billet ou forfait dans le cas où le voyage devrait être annulé en raison d'une maladie grave ou d'un décès. Les gens n'ayant pas de problèmes de santé ont peu de chances d'avoir à recourir à une telle protection. Elle demeure par conséquent d'une utilité relative.

■ Vol

La plupart des assurances-habitation au Québec protègent une partie des biens contre le vol, même si celui-ci a lieu à l'étranger. Pour faire une réclamation, il faut présenter un rapport de police. Comme tout dépend des montants couverts par votre police d'assurance-habitation, il n'est pas toujours utile de prendre une assurance supplémentaire. Les visiteurs européens, pour leur part, doivent vérifier si leur police protège leurs biens à l'étranger, car ce n'est pas automatiquement le cas.

■ Vie

Plusieurs compagnies aériennes offrent une assurance-vie incluse dans le prix du billet d'avion. D'autre part, beaucoup de voyageurs disposent déjà d'une telle assurance; il n'est donc pas nécessaire de s'en procurer une supplémentaire.

■ **Maladie**

Sans doute la plus utile pour les voyageurs, l'assurance-maladie s'achète avant de partir en voyage. La couverture de cette police d'assurance doit être aussi complète que possible, car à l'étranger le coût des soins peut s'élever rapidement. Au moment de l'achat de la police, il faudrait veiller à ce qu'elle couvre bien les frais médicaux de tout ordre, comme l'hospitalisation, les services infirmiers et les honoraires des médecins (jusqu'à concurrence d'un montant assez élevé, car ils sont chers). Une clause de rapatriement, pour le cas où les soins requis ne peuvent être administrés sur place, est précieuse. En outre, il peut arriver que vous ayez à débourser le coût des soins en quittant la clinique. Il faut donc vérifier ce que prévoit la police en tel cas. Durant votre séjour, vous devriez toujours garder sur vous la preuve que vous avez contracté une assurance-maladie, ce qui vous évitera bien des ennuis si par malheur vous en avez besoin.

La santé

■ **Généralités**

Pour les personnes en provenance d'Europe, du Québec et du Canada, aucun vaccin n'est nécessaire. D'autre part, il est vivement recommandé, en raison du prix élevé des soins, de souscrire à une bonne assurance maladie-accident. Il existe différentes formules, et nous vous conseillons de les comparer. Emportez vos médicaments, surtout ceux qui exigent une ordonnance. Sauf indication contraire, l'eau est potable partout dans le Massachusetts.

■ **Sécurité**

Malheureusement, la société américaine est relativement violente, mais rien ne sert de paniquer et de rester cloîtré dans sa chambre d'hôtel!

Un petit conseil : il est souvent préférable de s'enquérir, dès son arrivée, des quartiers qu'il vaut mieux s'abstenir de visiter à n'importe quelle heure du jour et de la nuit. En prenant les précautions courantes, il n'y a pas lieu d'être inquiet outre mesure pour sa sécurité. Si toutefois la malchance était avec vous, n'oubliez pas que le numéro de secours est le **911**, ou le **0** en passant par le téléphoniste.

D'une façon générale, il est conseillé d'éviter de fréquenter seul les couloirs du métro de Boston en dehors des heures de service, tôt le matin ou très tard le soir. De la même manière, vous devriez abandonner l'idée d'une promenade nocturne dans un des grands parcs de la ville, à moins qu'il ne s'y tienne un événement quelconque qui attire une foule importante.

Le climat

■ Hiver

Peu importe la manière dont on s'y prend pour départager les saisons, les hivers sont toujours longs et froids. Comparativement aux autres régions de la Nouvelle-Angleterre, la région de Boston connaît des hivers tolérables. Les températures hivernales se maintiennent plutôt entre 0 °C et - 5 °C, et la neige serait malvenue avant Noël. Il n'y a cependant pas lieu de se laisser effrayer par ces longs hivers; après tout, quoi de plus magique qu'un Noël blanc dans une ville historique.

■ Printemps et été

Le printemps voit arriver les oiseaux chanteurs dès la mi-mars, suivis quelques semaines plus tard par les premières pousses de verdure.

L'été s'installe vers la mi-juin. Les journées se réchauffent alors considérablement, avec des températures variant entre 20 °C et 30 °C; mais les soirées sont tout de même un peu plus fraîches. Les brises océaniques ont tendance à rendre les étés humides, et même brumeux ou pluvieux.

■ Automne

L'automne est sans doute la plus belle et la plus populaire des saisons pour les visiteurs de la Nouvelle-Angleterre. Les feuillages y revêtent leurs plus vives couleurs, et la récolte des canneberges, des citrouilles et des pommes, dont on fait du cidre, bat son plein. Pendant les jours ensoleillés, les températures peuvent atteindre des maximas qui nous rappellent l'été. C'est ce qu'on appelle «l'été des Indiens», qu'on attribue à une certaine période de l'automne; les nuits plus froides nous stimulent, quant à elles, de leur air frais revigorant. L'automne et l'hiver sont beaucoup plus secs en Nouvelle-Angleterre qu'en d'autres régions. Mais il n'en pleut ou neige pas moins environ un jour sur trois, ce qui donne des précipitations de 107 cm par année, en plus d'une accumulation de neige de 229 à 254 cm dans les montagnes.

Quand visiter Boston?

Le cœur de l'été (de juillet à la fête du Travail, célébrée le premier lundi de septembre) est très populaire. Vous auriez peut-être intérêt à visiter la ville au printemps ou en automne, lorsque les prix sont moins élevés. La période de Noël et du Nouvel An est également fort prisée. Il est à retenir que vos vacances seront plus paisibles et que vous aurez moins de mal à réserver une place dans un hôtel si vous voyagez hors saison, en avril et en mai, ou de la fin octobre à la fin décembre.

La préparation des valises

Boston constituant une destination «quatre saisons», il convient de bien choisir les vêtements que vous porterez en fonction de la période de l'année pendant laquelle vous comptez effectuer votre périple.

Ainsi, les hivers s'avérant froids et venteux, vous vous assurerez que vos valises contiennent tricot, gants, bonnet et écharpe. N'oubliez pas non plus votre manteau d'hiver le plus chaud et vos bottes.

En été, par contre, il peut faire extrêmement chaud. Munissez-vous plutôt de t-shirts, de chemises et de pantalons légers, de pantalons courts et de lunettes de soleil. Un tricot peut toutefois être nécessaire en soirée. Rappelez-vous en outre que Boston bénéficie de très belles plages à proximité de son centre-ville. Pour bien en profiter, n'oubliez pas maillot de bain, serviette de plage et lotion solaire.

Au printemps et en automne, il faut prévoir chandail, tricot et écharpe, sans oublier le parapluie.

En toute saison (sauf en hiver), des tennis ou des chaussures flexibles, confortables et légères s'imposent pour vos visites des différents coins de la ville.

Poste et télécommunication

On peut se procurer des timbres dans les bureaux de poste, bien sûr, mais aussi dans les grands hôtels. La levée du courrier se fait sur une base quotidienne.

Les **bureaux de poste** sont ouverts du lundi au vendredi, de 8 h à 17 h 30 (parfois jusqu'à 18 h), et le samedi, de 8 h à 12 h. Le bureau de poste central de Boston est au 25 Dorchester Avenue, derrière South Station (☎ 654-5083 ou 654-5729).

Le système téléphonique est extrêmement performant aux États-Unis. On trouve aisément des cabines fonctionnant à l'aide de pièces de monnaie. **L'indicatif régional de Boston est le 617.** Aussi, par souci d'économie d'espace, l'avons-nous supprimé dans le présent ouvrage. À moins d'indication contraire, prenez donc pour acquis que le préfixe est toujours le 617.

Pour téléphoner à Boston depuis le Québec, il faut composer le 1-617, puis le numéro de votre correspondant. Depuis la France, il faut faire le 19-1, puis le numéro. Depuis la Belgique ou la Suisse, il faut composer le 19-1, puis le numéro.

En appelant durant certaines périodes précises, vous pouvez bénéficier de rabais substantiels. Ainsi, depuis le Québec, la période la plus économique s'étend entre 23 h et 7 h. En

France métropolitaine, appelez entre 23 h 30 et 8 h, le samedi à partir de 15 h 30 ou le dimanche toute la journée. En Belgique, choisissez un moment entre 20 h et 8 h, ou faites votre appel le dimanche toute la journée.

Pour joindre le Québec depuis Boston, il faut composer le 1, l'indicatif régional et finalement le numéro. Pour atteindre la France, faites le 011-33, ajoutez le 1 si vous désirez rejoindre la région de Paris-Île-de-France, puis le numéro complet. Pour téléphoner en Belgique, composez le 011-32, l'indicatif régional, puis le numéro. Pour appeler en Suisse, faites le 011-41, l'indicatif régional et le numéro de votre correspondant.

Par ailleurs, les hôtels sont, la plupart du temps, équipés de télécopieurs (fax).

Les services financiers

■ La monnaie

L'unité monétaire est le dollar ($US), lui-même divisé en cents. Un dollar = 100 cents.

Il existe des billets de banque de 1, 5, 10, 20, 50 et 100 dollars, de même que des pièces de 1 (*penny*), 5 (*nickel*), 10 (*dime*) et 25 (*quarter*) cents.

Il y a aussi les pièces d'un demi-dollar et d'un dollar, et le billet de 2$, mais ceux-ci sont très rarement utilisés. Sachez qu'aucun achat ou service ne peut être payé en devises étrangères aux États-Unis. Songez donc à vous procurer des chèques de voyage en dollars américains. Vous pouvez également utiliser toute carte de crédit affiliée à une institution américaine, comme Visa, Master Card, American Express, Carte Bleue, Interbank et Barcley Card. Il est à noter que tous les prix mentionnés dans le présent ouvrage le sont en dollars américains.

■ Banques

Elles sont ouvertes du lundi au vendredi, de 9 h à 15 h.

Il existe de nombreuses banques, et la plupart des services courants sont rendus aux touristes. Pour ceux qui ont choisi un long séjour, notez qu'un non-résident ne peut ouvrir un compte bancaire courant. Pour avoir de l'argent liquide, la meilleure solution demeure encore d'être en possession de chèques de voyage. Le retrait de votre compte à l'étranger constitue une solution coûteuse, car les frais de commission sont élevés. Par contre, plusieurs guichets automatiques accepteront votre carte de banque européenne, canadienne ou québécoise, et vous pourrez alors faire un retrait de votre compte directement. Les mandats-poste ont l'avantage de ne pas comporter de commission, mais l'inconvénient de prendre plus de temps à transiger. Les personnes qui ont obtenu le statut de résident, permanent ou non (immigrants, étudiants), peuvent ouvrir un compte de banque. Il leur suffira, pour ce faire, de montrer leur passeport ainsi qu'une preuve de leur statut de résident.

Taux de change			
1 $CAN	0,73 $US	1 $US	1,37 $CAN
10 FB	0,32 $US	1 $US	31,7 FB
1 FF	0,19 $US	1 $US	5,21 FF
1 FS	0,79 $US	1 $US	1,26 FS
1000 LIT	0,64 $US	1 $US	1557 LIT
100 PTA	0,78 $US	1 $US	128,5 PTA

■ Change

La plupart des banques changent facilement les devises européennes et canadiennes, mais presque toutes demandent des frais de change. En outre, vous pouvez vous adresser à des bureaux ou comptoirs de change qui, en général, n'exigent aucune commission. Ces bureaux ont souvent des heures d'ouverture plus longues. La règle à retenir : se renseigner et comparer.

Horaires et jours fériés

■ **Horaires**

Magasins

Ils sont généralement ouverts du lundi au samedi, de 9 h 30 à 17 h 30 (parfois jusqu'à 18 h). Les supermarchés ferment en revanche plus tard ou restent même, dans certains cas, ouverts 24 heures par jour, sept jours par semaine.

■ **Jours fériés**

Voici la liste des jours fériés aux États-Unis. À noter, la plupart des magasins, services administratifs et banques sont fermés pendant ces jours.

Jour de l'An : 1er janvier

Journée de Martin Luther King : troisième lundi de janvier

Anniversaire de Lincoln : 12 février

Anniversaire de Washington (President's Day) : troisième lundi de février

Saint-Patrick : 17 mars

Journée du souvenir (Memorial Day) : dernier lundi de mai

Jour de l'Indépendance : 4 juillet (fête nationale des États-Unis)

Fête du Travail (Labor Day) : premier lundi de septembre

Journée de Colomb (Columbus Day) : deuxième lundi d'octobre

Journée des Vétérans et de l'Armistice : 11 novembre

Action de grâces (Thanksgiving Day) : quatrième jeudi de novembre

Noël : 25 décembre

Le calendrier des événements annuels

Janvier

Le **Nouvel An chinois** *(Chinese New Year)* est marqué par trois semaines de festivités en janvier ou en février.

Février

Le **Salon nautique de la Nouvelle-Angleterre** *(New England Boat Show)*, un des plus importants de la Côte Est, présente les plus récents et les plus fabuleux bateaux à voile et à moteur.

Les équipes de hockey collégiales de quatre des plus grandes institutions de la ville (Harvard, Northeastern, Boston University et Boston College) s'affrontent dans le cadre du **Beanpot Hockey Tournament**.

Mars

Le **Salon floral printanier de la Nouvelle-Angleterre** *(New England Spring Flower Show)*, qui réjouit le cœur des Bostoniens las de l'hiver, existe depuis plus de 100 ans.

Le **défilé de la Saint-Patrick** *(St. Patrick's Day Parade)*, organisé par les Irlandais de South Boston, fait partie des plus grands et des plus festifs des États-Unis.

Avril

La plus importante compétition de course à pied du pays, le **marathon de Boston**, n'est qu'un des nombreux événements qui entourent la célébration du **Patriot's Day**. Parmi les autres activités commémorant la guerre d'Indépendance, mentionnons un défilé et la reconstitution de la célèbre chevauchée de Paul Revere ainsi que de la bataille de Lexington et de Concord.

Mai

Le **Dimanche des lilas** *(Lilac Sunday)* de l'Arnold Arberotum est l'occasion de contempler 400 variétés de lilas en fleurs.

Juin

Lors des **défilé et reconstitution de la bataille de Bunker Hill** *(Bunker Hill Day Reenactment and Parade)*, des patriotes contemporains vêtus d'uniformes de la guerre d'Indépendance font revivre chaque année le fameux combat.

Le **Dragonboat Festival**, un événement annuel, donne lieu à des courses de bateaux chinois traditionnels en bois de teck, à des festins ethniques, à des représentations culturelles et à diverses démonstrations.

Le **Boston Harborfest** présente près d'une centaine d'activités à la gloire du port sur 30 sites différents, le tout couronné d'un grand repas de soupe épaisse de palourdes.

La diversité culturelle de Cambridge s'exprime au grand jour lors du **Cambridge River Festival**, ponctué de spectacles, d'expositions artisanales et d'événements gastronomiques.

Juillet

L'**U.S. Pro Tennis Championship** attire des milliers d'amateurs de tennis au Longwood Cricket Club.

Toutes les fins de semaine de juillet et d'août, des **festivals de rue italiens** honorent divers saints à travers des défilés et des festivités.

Septembre

Le **festival du film de Boston** se tient à la fin du mois et présente des longs métrages produits par les grands studios, de même que des films plus insolites réalisés par des producteurs indépendants, des étudiants et des cinéastes étrangers.

Octobre

Plus de 3 000 rameurs participent aux **régates de la rivière Charles** *(Head of the Charles Regatta)*, la plus importante compétition d'aviron d'une journée au monde.

Les plus grandes joueuses de tennis professionnel prennent part au **Virginia Slims Tournament of New England**.

Décembre

Au cours de la **reconstitution du Boston Tea Party**, des patriotes déguisés en Amérindiens jettent une fois de plus des coffres de thé dans le port de Boston.

Les **fêtes de Noël de Cambridge** *(Cambridge Christmas Revels)* célèbrent le solstice d'hiver par des chants et des danses d'autrefois auxquels les spectateurs ont l'habitude de participer.

Des centaines d'événements marquent la **First Night**, une célébration de la veille du Nouvel An qui se déroule aussi bien à l'intérieur qu'à l'extérieur; spectacle pompeux, chorales, sculptures sur glace, conteurs, acrobates, marionnettistes, expositions d'art et représentations théâtrales sont tous de la partie.

Hébergement

Peu importe vos goûts ou votre budget, cet ouvrage saura sûrement vous aider à dénicher le type d'hébergement qui vous convient. Rappelez-vous que les chambres peuvent devenir rares et les prix s'élever durant l'été. Les voyageurs qui désirent visiter Boston durant la belle saison devraient donc réserver à l'avance.

La formule des *Bed and Breakfasts* est aussi représentée à Boston. On retrouve souvent ces établissements aménagés dans de jolies maisons traditionnelles, harmonieusement décorées. Généralement, ils comptent moins de 12 chambres.

Finalement, un peu à l'extérieur de la ville, l'abondance de motels le long des autoroutes permet aux voyageurs de trouver des chambres au charme inexistant, mais à des prix très abordables.

Restaurants

Outre la description de nombre d'établissements, le chapitre «Restaurants» comporte une série d'index par thème permettant de retrouver plus facilement le type d'établissement que l'on recherche. Ces listes, se trouvant à la fin du présent livre, sont ainsi classées par type de cuisine et par ordre alphabétique.

■ Pourboires

Selon le restaurant, on calcule de 10 % à 15 % (avant taxes) pour le service; celui-ci n'est pas, comme en France, inclus dans l'addition, et le client doit le calculer lui-même et le remettre à la serveuse ou au serveur; service et pourboire sont une même et seule chose en Amérique du Nord.

Les enfants

D'innombrables aventures familiales vous attendent à Boston. Quelques conseils vous permettront d'en profiter au maximum.

Par exemple, faites vos réservations à l'avance en vous assurant que l'endroit où vous désirez loger admet les enfants. S'il vous faut un berceau ou un petit lit supplémentaire, n'oubliez pas d'en faire la demande au moment de réserver. Un bon agent de voyages peut vous être très utile à cet égard, de même que pour vos différents projets de vacances.

Si vous vous déplacez en avion, demandez des sièges en face d'une cloison; vous y aurez plus d'espace. Transportez, dans vos bagages à main, couches, vêtements de rechange, collations et jouets ou petits jeux. Si vous vous déplacez en voiture, tous les articles que nous venons de mentionner sont également indispensables. Assurez-vous en outre de faire des provisions d'eau et de jus; la déshydratation peut en effet occasionner de légers problèmes.

Ne voyagez jamais sans une trousse de premiers soins. Outre les pansements adhésifs, la pommade antiseptique et un onguent contre les démangeaisons, n'oubliez pas les médicaments recommandés par votre pédiatre contre les allergies, le rhume, la diarrhée ou tout autre affection chronique dont votre enfant pourrait souffrir.

Si vous comptez passer beaucoup de temps à la plage, soyez particulièrement prudent les premiers jours. La peau des enfants est généralement plus fragile que celle des adultes, et une grave insolation peut survenir plus tôt que vous ne le croyez. Enduisez vos enfants de crème solaire, et songez même à leur faire porter un chapeau. Inutile de vous dire qu'il faut toujours surveiller vos tout-petits lorsqu'ils se trouvent près de l'eau.

Lorsque vous avez une sortie en soirée, plusieurs hôtels sont à même de vous fournir une liste de gardiennes d'enfants dignes de confiance. Vous pouvez également confier vos enfants à une garderie; consultez l'annuaire téléphonique, et assurez-vous qu'il s'agit bien d'un établissement détenant une licence.

Les aînés

À Boston, les gens âgés de 65 ans et plus peuvent profiter de toutes sortes d'avantages tels que des réductions substantielles sur les billets d'admission aux musées ou à divers attractions, et des prix spéciaux dans les hôtels, restaurants, etc. Bien souvent toutefois, ces tarifs spéciaux ne sont guère publicisés. Il ne faut donc pas se gêner pour s'informer.

Par ailleurs, mentionnons que l'**American Association of Retired Persons (AARP)** *(601 E. Street NW, Washington D.C. 20049, ☎ 202-434-2277)* accepte comme membre toute personne de plus de 50 ans qui en fait la demande. Les avantages proposés par cette association incluent des remises sur les voyages organisés par plusieurs firmes.

Soyez particulièrement avisé en ce qui a trait aux questions de santé. En plus des médicaments que vous prenez normalement, glissez votre ordonnance dans vos bagages pour le cas où vous auriez besoin de la renouveler. Songez aussi à transporter votre dossier médical avec vous, de même que le nom, l'adresse et le numéro de téléphone de votre médecin. Assurez-vous enfin que vos assurances vous protègent à l'étranger.

Les personnes handicapées

Les organismes américains suivants sont en mesure de fournir des renseignements utiles aux voyageurs handicapés : **Society for the Advancement of Travel for the Handicapped** *(347 5th Ave., Suite 610, New York, NY 10016, ☎ 212-447-7284)*, **Travel Information SERVICE** *(Philadelphia, PA, ☎ 215-456-9600)*, **Mobility International USA** *(P.O. Box 10767, Eugene, OR 97440, ☎ 503-343-1284)*, et **Flying Wheels Travel** *(P.O. Box 382, Owatonna, MN 55060, ☎ 800-535-6790)*. **Travelin' Talk** *(P.O. Box 3534, Clarksville, TN 37043, ☎ 615-552-6670)*, un organisme de réseau, propose également ce genre d'information.

Divers

■ Bars et discothèques

Certains exigent des droits d'entrée, particulièrement lorsqu'il y a un spectacle. Le pourboire n'y est pas obligatoire et est laissé à la discrétion de chacun; le cas échéant, on appréciera votre geste. Pour les consommations par contre, un pourboire entre 10 % et 15 % est de rigueur.

Notez que l'âge légal auquel il est permis de boire de l'alcool est de 21 ans.

■ Décalage horaire

Lorsqu'il est 12 h à Montréal, il est 12 h à Boston. Le décalage horaire pour la France, la Belgique ou la Suisse est de six heures. Attention cependant aux changements d'horaire, lesquels ne se font pas aux mêmes dates : aux É.-U. et au Canada, l'heure d'hiver entre en vigueur le dernier dimanche d'octobre et prend fin le premier dimanche d'avril. N'oubliez pas qu'il existe plusieurs fuseaux horaires aux États-Unis : Los Angeles, sur la côte du Pacifique, a trois heures de retard sur Boston, et Hawaii en a cinq.

■ Drogues

Elles sont absolument interdites (même les drogues dites «douces»). Aussi bien les consommateurs que les distributeurs risquent de très gros ennuis s'ils sont trouvés en possession de drogues.

■ Électricité

Partout aux États-Unis et en Amérique du Nord, la tension électrique est de 110 volts et de 60 cycles (Europe : 50 cycles); aussi, pour utiliser des appareils électriques européens, devrez-vous vous munir d'un transformateur de courant adéquat.

Les fiches d'électricité sont plates, et vous pourrez trouver des adaptateurs sur place ou, avant de partir, vous en procurer dans une boutique d'accessoires de voyage ou une librairie de voyage.

■ Poids et mesures

Le système impérial est en vigueur aux États-Unis :

Mesures de poids
1 livre (lb) = 454 grammes

Mesures de distance
1 pouce (po) = 2,5 centimètres
1 pied (pi) = 30 centimètres
1 mille (mi) = 1,6 kilomètre

Mesures de volume
1 gallon américain (gal) = 3,79 litres

Mesures de température
Pour convertir °F en °C : soustraire 32, puis diviser par 9 et multiplier par 5.
Pour convertir °C en °F : multiplier par 9, puis diviser par 5 et ajouter 32.

■ Taxes de vente

Une taxe de 9,7 % est en vigueur sur le prix de l'hébergement, alors que celle s'apliquant sur les repas est de 5 %. L'essence subit une majoration gouvernementale de 10 %, et les biens de consommation, excluant la nourriture, sont taxés à 5 %.

ATTRAITS TOURISTIQUES

Majestueux empire de briques et de grès bruns, peuplé d'arbres et de jardins, arrosé d'une rivière et bordé d'un port maritime, Boston règne en souveraine sur les villes de la Nouvelle-Angleterre depuis plus de 300 ans. D'abord solidement ancrée à la pointe d'une infime péninsule qui avançait dans l'Atlantique, la cité s'est peu à peu développée vers le sud et vers l'ouest au cours des siècles; mais cela ne l'a pas empêchée de demeurer parfaitement compacte, si bien qu'elle se parcourt merveilleusement bien à pied. Malgré sa taille modeste, Boston n'a pourtant pas cessé de jouer un rôle dominant dans l'histoire de la nation, un rôle gravé dans la mémoire de tous les Américains. Car c'est ici que les États-Unis ont vu le jour, que Paul Revere a fait sa fougueuse chevauchée nocturne et qu'a été tiré «le coup de feu qui a retenti de par le monde».

Ses fanatiques racines puritaines ont valu à Boston d'être raillée et dénigrée par des esprits plus mondains, qui se sont plu à la rabaisser au rang d'une ville provinciale, dévote et ennuyeuse, en aucun cas de taille à se mesurer aux métropoles sophistiquées, comme New York ou Los Angeles. Pourtant riche en activités artistiques et intellectuelles, Boston a longtemps fait piètre figure au palmarès des grandes villes, principalement à cause de ses hôtels, de ses restaurants et de ses boutiques de peu d'éclat.

Mais la ville se transforme. Tout en restant fidèle à son histoire et à ses traditions, Boston est en quête d'une identité nouvelle, désireuse de faire partie des flamboyantes cités modernes. Au cours des années quatre-vingt, plusieurs chefs cuisiniers de renommée mondiale ont d'ailleurs élu domicile en ses murs et gagné le cœur aussi bien des Bostoniens que des critiques gastronomiques. Un centre commercial aux allures princières y a également ouvert ses portes : Copley Place, dont le pilier maître est l'ostentatoire Neiman-Marcus, un prestigieux commerce de détail dont le siège social se trouve à Dallas et qui n'aurait jamais osé mettre les pieds ici au cours des années cinquante. Une vague de construction a aussi fait pousser des complexes hôteliers de tout premier ordre, comme le Westin, le Boston Harbor Hotel et le Four Seasons, de même que les rutilantes tours à bureaux du Financial District. Et dans le même temps, on ravalait les façades de vieux trésors architecturaux, comme la South Station et le Ritz-Carlton Hotel, qui en avaient grand besoin. Or, ce vent de changement continue de souffler au cours des années quatre-vingt-dix. Aussi la Boston Public Library a-t-elle entamé un projet de restauration en trois volets dont la facture s'élèvera à 50 millions de dollars américains. Au printemps de 1993, on a par ailleurs amorcé la construction du FleetCenter, un complexe sportif moderne destiné à remplacer le vétuste Boston Garden; ce stade, réalisé au coût de 160 millions de dollars américains, a été inauguré en septembre1995.

La recherche de la distinction se poursuit avec un méga-projet baptisé le Big Dig, qui a débuté vers la fin des années quatre-vingt et qui consiste à creuser un gigantesque tunnel destiné à enfouir sous terre l'affreuse voie rapide surélevée connue sous le nom de Central Artery. On prévoit également, dans le cadre de ce projet, construire un troisième tunnel jusqu'à l'aéroport. Une fois terminés, ces travaux donneront beaucoup plus d'espace et de lumière au centre-ville. Quant à la plus grande plaie de la ville, à savoir le grotesque secteur connu sous le nom de Combat Zone, il n'en reste pratiquement plus rien; dans un effort visant à le reléguer aux oubliettes, la Ville a stimulé l'émergence de plusieurs nouveaux restaurants, cafés et boutiques dans ce quartier, et prévoit élargir sous peu les frontières du quartier voisin du spectacle.

Attraits touristiques 57

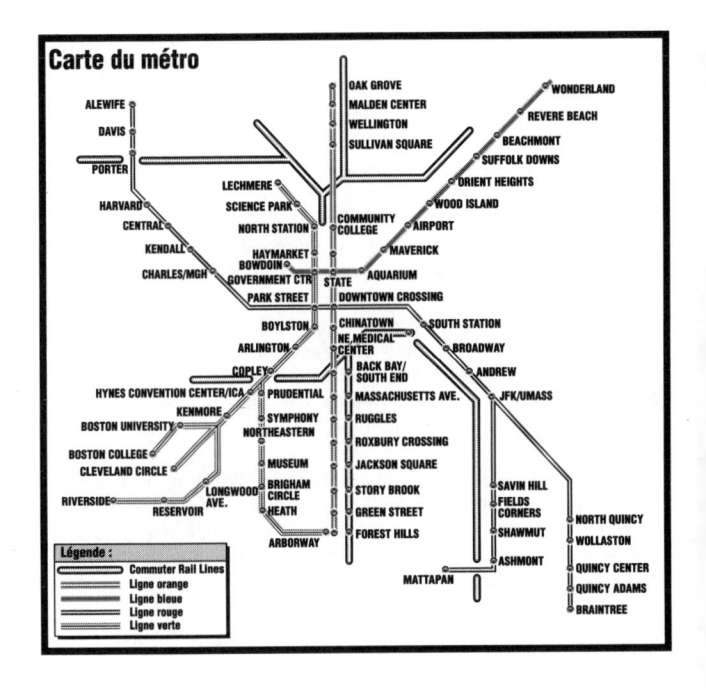

Le cœur même de Boston repose sur une péninsule en forme de poire. À son extrémité nord se trouve le North End, une petite enclave italienne truffée de boutiques, de cafés et de restaurants. Le centre-ville occupe, pour sa part, la plus grande partie du territoire et s'étend de façon irrégulière entre le littoral et le Boston Common, du nord au sud; il abrite en outre un minuscule quartier chinois (Chinatown), qui n'en demeure pas moins fidèle à une riche tradition.

Dominant le Boston Common de toute sa splendeur impériale, le quartier de Beacon Hill s'enorgueillit de résidences victoriennes aux façades de briques qu'embellissent des fenêtres en rotonde, des bacs à fleurs et des jardins dissimulés. À l'ouest de Beacon Hill, le quartier de Back Bay, son cousin germain, est strié de larges boulevards bordés d'imposantes constructions de grès bruns. Plus à l'ouest encore se trouve le Fenway, avec ses ambitieux jardins marécageux et son fameux stade de baseball, le Fenway Park.

Tout juste au sud de Back Bay s'étend le Midtown, où brillent les joyaux architecturaux du Copley Square : la Boston Public Library, la Trinity Church et la tour Hancock. Un peu plus au sud s'étend le plus vaste quartier de la ville, le South End, un autre secteur résidentiel peuplé de maisons en brique datant du XIXe siècle et dont les habitants s'ennoblissent peu à peu. Enfin, séparé de la partie est du centre-ville par le Fort Point Channel, South Boston (qu'il ne faut pas confondre avec le South End) est d'abord et avant tout un quartier commercial où se trouvent par ailleurs les quais de pêche municipaux.

Ses quartiers résidentiels, qui évoquent des souvenirs d'architecture anglaise, ont mérité à Boston le qualificatif de «la plus européenne de toutes les villes américaines». Néanmoins, depuis que la courtepointe urbaine tissée par des siècles d'histoire se module d'adjonctions plus modernes témoignant de l'ère spatiale, le visage de la ville adopte un profil plus américain, pour ne pas dire universel. Bien qu'elle ait mis du temps à y parvenir, Boston a fini par transcender ses racines puritaines, et l'époque où les auteurs masculins et féminins se retrouvaient sur des rayons distincts à l'intérieur des bibliothèques est définitivement révolue.

Il n'en reste pas moins que ces origines puritaines ne disparaîtront jamais tout à fait; les lois qui restreignent les

Attraits touristiques 59

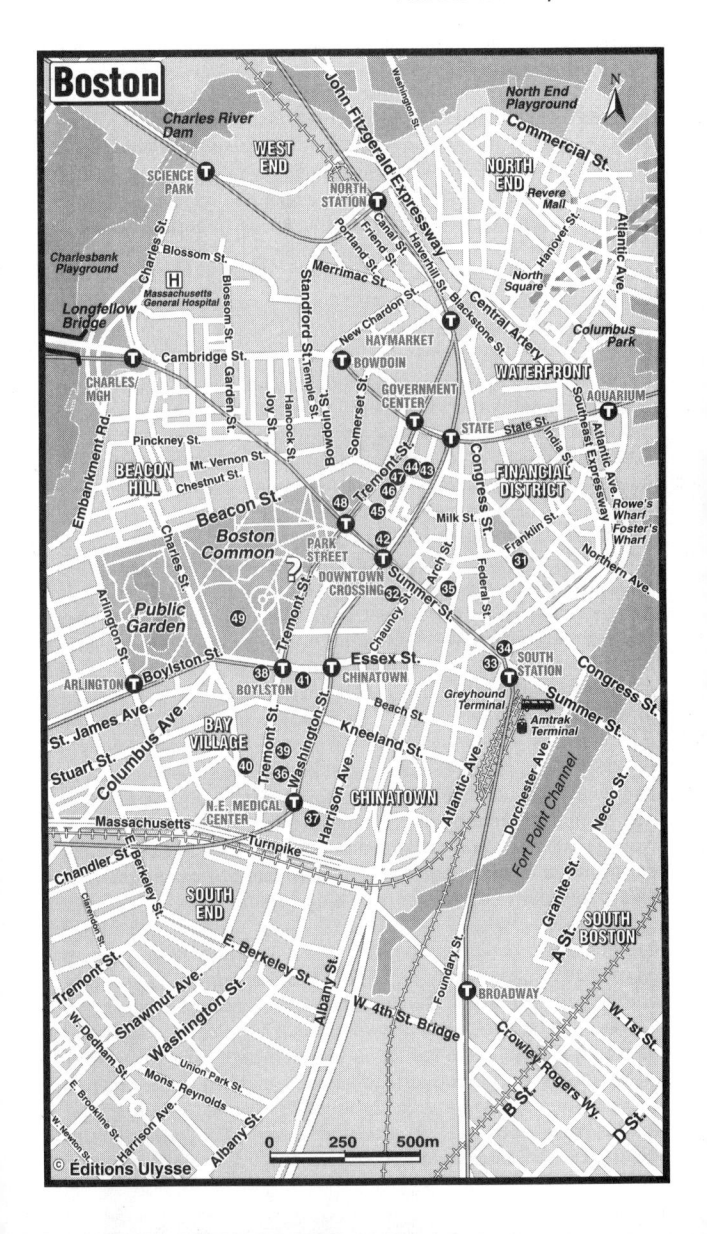

activités commerciales le dimanche n'ont d'ailleurs été abrogées que tout récemment, en 1994. Boston ne sera jamais confondue avec New York ou Los Angeles, beaucoup plus fébriles; elle restera simple et modeste, et ne deviendra en aucun cas un repaire de *punks* aux coiffures extravagantes. Retenons toutefois qu'elle a gagné des places au palmarès des grandes villes et qu'elle devient graduellement une cité de tout premier ordre dans une catégorie qui lui est propre.

North End ★

Le North End est le plus vieux quartier de Boston, et aussi le plus coloré. Aujourd'hui devenu le siège d'une communauté italienne compacte et homogène, il ne s'est défini comme tel qu'au fil d'une lente évolution dont les origines remontent à la fin du XIXe siècle, alors que les Italiens commencèrent à envahir les secteurs habités par les Irlandais, les Portugais et les Juifs. La plupart de ses rues sont à sens unique et bondées d'épiceries et de restaurants italiens pressés les uns contre les autres. Plusieurs de ses résidants se saluent encore dans leur langue maternelle et étendent leur lessive entre les maisons. Tout au long de l'été, ils honorent par ailleurs leurs saints patrons, ce qui donne lieu, surtout les fins de semaine, à plusieurs festivals de rue et à une succession de défilés pittoresques.

Le North End se présente comme une excroissance de la péninsule arrondie sur laquelle repose Boston, limitée au nord par le Boston Harbor et séparée du centre-ville par la voie élevée du Southeast Expressway; l'enclave ainsi formée contribue d'ailleurs largement à son identité spécifique, et l'histoire de la ville y est encore bien vivante.

Il est probable qu'aucun nom n'éveille davantage de sentiments historiques que celui de Paul Revere, dont la célèbre chevauchée en vue de prévenir les forces coloniales de l'attaque imminente des Anglais, en 1775, a été rapportée partout à travers le monde. C'est sur une petite place paisible, le North Square, recouverte de pavés et bordée de chaînes d'ancre noires, que vous découvrirez la maison du héros, **The Paul Revere House (1)** ★ *(droits d'entrée; 19 North Square, ☎ 523-1676)*. Cette modeste construction de trois étages,

North End 61

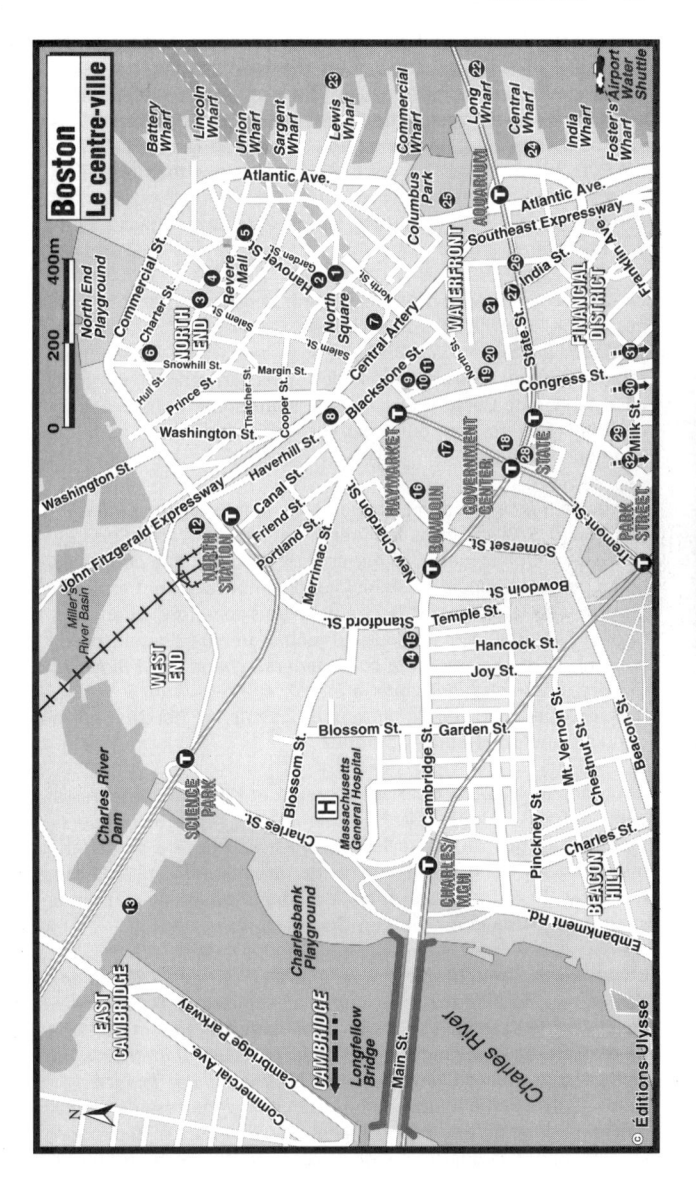

recouverte de clins de bois gris et garnie de fenêtres à petits carreaux en losange, semble un peu perdue dans le décor actuel de Boston, et pour cause. Bâtie en 1680, elle demeure aujourd'hui le seul vestige de l'architecture du XVIIe siècle dans le centre de la ville. Revere a vécu ici avec sa famille de 1770 à 1800, bien que ses 16 enfants n'y aient pas tous résidé en même temps. À l'intérieur, on peut voir des meubles d'époque, certains objets ayant appartenu aux Revere et quelques pièces d'orfèvrerie en argent.

La maison voisine de celle de Revere, accessible par une cour commune, est la **Pierce-Hichborn House** *(droits d'entrée; 29 North Square, ☎ 523-2338)*. Érigée vers 1711 par le vitrier Moses Pierce, elle est une des plus anciennes maisons géorgiennes de Boston. Elle a par la suite appartenu au cousin de Paul Revere, un constructeur de bateaux du nom de Nathaniel Hichborn.

Sur cette même place, on trouve également la **Seamen's Bethel** *(12 North Square)* et la **Mariner's House** *(11 North Square)*. Cette dernière est identifiée par une ancre suspendue au-dessus de sa porte, et depuis 1838 les marins de passage ont toujours pu y obtenir le couvert et le gîte pour trois fois rien. Quant à la Seamen's Bethel, son pasteur, lui-même homme de mer, disait volontiers : «*Si j'ai choisi de construire ma chapelle sur le North Square, c'est que j'ai appris à jeter mes filets là où il y a du poisson.*» Jadis un lieu de culte pour les marins, l'endroit a été depuis transformé en presbytère.

Sur une rue célèbre pour «ses jardins et ses gouverneurs» a vécu John F. "Honey Fitz" Fitzgerald, un des «gouverneurs» irlandais de Boston, par ailleurs officier en chef de la marine, membre du Congrès et maire de la ville. Sa fille, **Rose Kennedy (2)**, a vu le jour dans le modeste bâtiment en brique situé au n° 4 de la rue Garden Court.

L'**Old North Church (3)** ★★★ *(droits d'entrée; 193 Salem Street, ☎ 523-6676)* est une des églises aux clochers desquelles le sacristain accrocha deux lanternes la nuit où Paul Revere fit sa chevauchée héroïque («... *une lanterne s'ils arrivent par voie de terre, deux s'ils arrivent par la mer...*»). Cette église magnifique comporte des fenêtres de style palladien ainsi qu'une chaire blanche aux formes d'inspiration londonienne. Les quatre chérubins à trompette qui surmontent les hauts pilastres du chœur proviennent d'un bateau pirate français, et des répliques de ses lanternes de clocher peuvent être admirées à l'intérieur du musée adjacent.

Tout juste derrière l'église, à l'emplacement du **Paul Revere Mall (4)**, se dresse une statue grandeur nature du héros à cheval sur sa monture, d'ailleurs un des endroits les plus photographiés de la ville.

De l'autre côté du centre commercial se trouve la **Saint Stephen's Church (5)** *(à l'angle des rues Hanover et Clark)*, une église de briques de style fédéral dessinée par Charles Bulfinch, celui à qui l'on doit précisément ce style particulier, et par ailleurs le premier architecte né sur le sol américain. Cette église, la dernière survivante des églises bostoniennes conçues par Bulfinch, présente une cloche et un dôme de cuivre fondus par Paul Revere lui-même. Son intérieur révèle des piliers cannelés, des jubés et des fenêtres palladiennes d'une blancheur immaculée, ainsi qu'un lustre d'étain et de grandes orgues datant de 1830.

Le **Copp's Hill Burying Ground (6)** *(à l'angle des rues Hull et Snow Hill)* servait de cimetière à l'Old North Church au XVIIe siècle. Situé en hauteur, au sommet d'un tertre de verdure, il surplombe le Boston Harbor et Charlestown, d'ailleurs bombardée par les Anglais, qui avaient disposé des canons à cet endroit stratégique au cours de la bataille de Bunker Hill. Ses pierres tombales grises, toutes simples, portent encore la marque des tirs d'entraînement de l'armée britannique. Increase et Cotton Mather, des pasteurs puritains dont les actions politiques ont fait beaucoup de bruit, sont enterrés ici.

La plus large avenue du North End est Hanover Street, où sont concentrés un grand nombre de commerces et de restaurants. En marchant vers le sud, vous arriverez tout droit au **Haymarket-North End Underpass (7)**, qui permet de se rendre au centre-ville en passant sous le Southeast Expressway. Le passage lui-même est tapissé de mosaïques primitives fort colorées, réalisées par des enfants du North End — ni plus ni moins qu'une forme d'art populaire urbain. Ses murs arborent en outre les œuvres de Sidewalk Sam, un artiste de rue réputé pour ses copies colorées des tableaux des grands maîtres italiens.

64 Attraits touristiques

La firme **Boston By Foot** *(77 North Washington Street,* ☎ *367-2345)* organise régulièrement des visites à pied du North End et de plusieurs autres quartiers.

⭐ Centre-ville ★★★

Le centre-ville se compose de plusieurs quartiers distincts, répartis autour de la péninsule et encerclant Beacon Hill, de même que le Boston Common. Bien que la nature compacte de la ville en facilite la visite à pied, il n'existe pas de circuit optimal pour parcourir ces quartiers, et vous devrez plus d'une fois revenir sur vos pas avant de poursuivre votre route.

Pour le voyageur à la hâte, il y a toujours la **Freedom Trail ★★**, un circuit qui relie 16 sites historiques majeurs du centre-ville à Beacon Hill, au North End et à Charlestown. Vous pouvez vous procurer un plan de promenade au **Boston Common Visitor Information Kiosk** *(147 Tremont Street,* ☎ *536-4100)*, avantageusement situé à l'entrée de la station Park Street du *T* et à quelques rues seulement des autres stations des quatre lignes du *T*. Vous trouverez également des plans au **Prudential Visitor Center** *(800 Boylston Street, Prudential Plaza,* ☎ *536-4100 ou 1-800-374-7400)*.

Par contre, si vous vous limitez au parcours de la Freedom Trail, vous raterez plusieurs des trésors de Boston. Nous vous proposons donc un circuit qui couvre beaucoup plus de sites que ce raccourci : vous décrirez un arc de cercle au nord de la péninsule, du North End à l'ancien West End, puis vous redescendrez vers le Government Center et le Quincy Market avant de prendre la direction du Waterfront (bord de l'eau). Remontant la rue State pour ensuite traverser le Financial District (quartier des affaires) jusqu'au Chinatown (quartier chinois) et au Theater District (quartier du spectacle), vous retournerez finalement vers le Boston Common en passant par la rue Washington. Tous ces quartiers, ou devrions-nous dire secteurs, sont si petits qu'il n'y a pas lieu de les traiter comme des entités géographiques distinctes. Ce qui ne veut pas dire que, lorsqu'un site se trouve dans un de ces secteurs précis, nous ne vous le laisserons pas savoir.

En arrivant du North End, vous croiserez la rue Blackstone, de l'autre côté du passage souterrain. Si vous regardez par terre, vous apercevrez alors une sculpture en relief à même le revêtement, baptisée ***Asarotan*** **(8)**. Faite de moulages de bronze représentant des épis de maïs, des fruits, des poissons et des légumes, elle rappelle l'intense activité des jours de marché, même si la surface en est désormais polie et repolie à la suite du passage incessant des piétons. Son nom signifie «sol non balayé», et le concept en remonte au temps des Romains, alors qu'on dépeignait ainsi des aliments sous forme de mosaïques sur le sol des salles de banquet.

Asarotan fut exécutée en l'honneur du **Haymarket**, qui s'étend sur plusieurs pâtés de maisons le long de Blackstone Street; il s'agit en effet du plus vieux marché du pays, en activité depuis plus de 200 ans. Les fins de semaine, on dresse les étalages en plein air, et les commerçants vantent leurs marchandises à qui mieux mieux, incluant fruits et légumes, viandes, poissons et crabes frais. On utilise d'antiques balances romaines en métal pour peser les achats des clients, et les prix sont bons; mais ne vous avisez pas de toucher à quoi que ce soit sans la permission du vendeur, si vous ne voulez pas l'entendre hurler!

Vous trouverez la **Boston Stone (9)** (pierre de Boston) à l'arrière du Boston Stone Gift Shop *(à l'angle des rues Marshall et Hanover)*. Il s'agit d'une pierre ronde et brune encastrée dans un des coins arrière de la maison; elle date de 1737 et fut amenée d'Angleterre afin de servir à broyer des pigments. Un tavernier décida par la suite de lui donner un nom en souvenir de la célèbre London Stone et de s'en servir comme instrument de réclame.

Derrière la rue Marshall se trouve le **Blackstone Block (10)**, sillonné d'allées étroites constituant tout ce qu'il reste du district commercial de Boston au XVIIe siècle. Les noms de ces allées, tels Marsh Lane, Creek Square et Salt Lane, font référence à la topographie originale de la ville.

L'**Union Oyster House (11)** *(41 Union Street, ☎ 227-2750)*, construite au XVIIIe siècle, devint un restaurant dès 1826, ce qui en fait le plus ancien établissement en activité ininterrompue des États-Unis. C'est ici que Daniel Webster calait un gobelet de brandy à l'eau après chaque douzaine d'huîtres qu'il engloutissait, et il en mangeait rarement moins de six assiettées! Avant que le bâtiment ne soit transformé en restaurant, le roi Louis-Philippe, en exil, y enseignait le français à des femmes riches de la région. C'est également ici, à l'étage, qu'en 1771 Isaiah Thomas entreprit de publier *The Massachusetts Spy*, un des premiers journaux des États-Unis.

À l'extrémité ouest de la péninsule de Boston, entre le Southeast Expressway et Storrow Drive, s'étend ce qu'on avait l'habitude d'appeler le West End. Autrefois riche de nombreux groupes ethniques de tous les horizons, ce secteur a maintenant une vocation essentiellement commerciale. Les environs de la North Station et du FleetCenter ont depuis peu accueilli de nouveaux restaurants, tandis que quelques vieux bars sportifs sont devenus des rendez-vous à la mode pour une clientèle plus jeune.

Le **FleetCenter (12)** *(150 Causeway Street, ☎ 624-1000 pour renseignements généraux, ☎ 931-2000 pour réservations de places)* a remplacé, à l'automne 1995, le vénérable Boston Garden comme demeure des Celtics (équipe de basket-ball) et des Bruins de Boston (équipe de hockey sur glace). On utilise également cette enceinte pour les représentations de cirque, divers spectacles sur glace ainsi que des concerts de musique rock. La saison de basket-ball, comme celle de hockey, s'étend du mois d'octobre au mois d'avril. Puis, les séries éliminatoires peuvent s'étirer jusqu'en juin.

Le **Museum of Science (13)** ★★ *(droits d'entrée; Science Park, O'Brien Highway, ☎ 723-2500)* ne se trouve pas sur la péninsule à proprement parler, mais plutôt au beau milieu de la Charles River, et l'on y accède par le barrage (*dam*) qui enjambe la rivière. La grande attraction du musée est l'ultramoderne théâtre Omni, dont la sonorisation circulaire et l'écran de 23 m en forme de dôme vous donneront vraiment l'impression de dévaler vous-même les pentes de ski aux Jeux olympiques, ou encore d'explorer les fonds marins de la Grande Barrière ou les eaux glacées de l'Antarctique. Le musée abrite aussi des animaux vivants, le **Hayden Planetarium** et des expositions temporaires sur différentes cultures étrangères.

La **Harrison Gray Otis House (14)** ★ *(droits d'entrée; 141 Cambridge Street, ☎ 227-3956)* est la première de trois maisons construites à Boston par Charles Bulfinch pour son ami Otis, un influent avocat et membre du Congrès. Érigé en 1796, ce bâtiment en brique de trois étages révèle une symétrie classique, avec des rangées de fenêtres régulières et une grande fenêtre palladienne. À l'intérieur, vous trouverez un des plus somptueux décors de la ville, rehaussé de papiers peints importés, d'opulents tapis et rideaux à lambrequins, de miroirs encadrés d'or, de manteaux de cheminée signés par les frères Adam et de chambranles à motifs autour de toutes les portes et fenêtres. Après avoir survécu aux outrages d'une maison de bains, d'une buanderie chinoise et d'une maison de chambres, l'édifice devint en 1916 le quartier général de la Society for the Preservation of New England Antiquities (Société pour la préservation des immeubles anciens de la Nouvelle-Angleterre).

Tout juste à côté se trouve l'**Old West Church (15)** *(131 Cambridge Street, ☎ 227-5088)*, une élégante construction en brique de style fédéral dont l'intérieur comporte des belvédères à colonnes sur trois étages. Les Anglais ont malheureusement détruit son pignon original afin d'empêcher les coloniaux de s'en servir pour envoyer des messages de l'autre côté de la rivière lors du siège de 1776. Mais il fut reconstruit en 1806 et abrite maintenant un orgue Charles Fisk.

En remontant la rue Cambridge sur une courte distance, vous arriverez au **Government Center (16)** ★, un vaste square en brique étalé sur plusieurs niveaux et comptant de nombreuses fontaines conçues par I.M. Pei, un architecte qui a contribué à changer l'allure de la ville au cours des années soixante en marquant de son sceau plusieurs bâtiments clés de Boston. Le complexe est en outre le siège de deux des plus importants édifices gouvernementaux, le **John F. Kennedy Federal Building** et le **City Hall (17)** ★★ (hôtel de ville), dont la structure pyramidale inversée revêt un caractère on ne peut plus moderne. Une sculpture abstraite, intitulée *Thermopylæ*, inspirée du *Profiles in Courage* de l'ancien président des États-Unis, se dresse en face du JFK Building; il s'agit d'une masse de formes entortillées les unes autour des autres qui tire son nom d'une bataille grecque, au cours de laquelle les Spartiates combattirent les Perses jusqu'au dernier.

D'aucuns prétendent que le **Steaming Teakettle (18)**, une gigantesque bouilloire de cuivre suspendue au-dessus de l'entrée du 65 Court Street, à l'une des extrémités du Government Center, constitue la plus vieille enseigne publicitaire des États-Unis. Elle signalait autrefois les activités de l'Oriental Tea Company, la plus importante firme de thé de Boston. Fabriquée par les chaudronniers de la ville, la bouilloire a une contenance d'exactement «227 gallons, 2 pintes, 1 chopine et 3 demiards» (861,98 litres), et cela fait chaud au cœur de la voir fumer constamment, surtout par les froides journées d'hiver. Pour plus de réconfort, il y a également un café à l'intérieur.

Lorsqu'il s'agit d'honorer la mémoire d'un personnage aussi haut en couleur que **James Michæl Curley (19)**, une seule statue ne saurait suffire. Cet être original, par ailleurs corrompu, a en effet dominé la politique bostonienne pendant plusieurs années, de 1914 aux années quarante, tantôt comme maire, tantôt comme membre du Congrès et tantôt comme gouverneur; il occupe même une place importante dans le roman *The Last Hurrah* d'Edwin O'Connor. Maire de la ville à quatre reprises, il se plaisait à qualifier les banquiers de Boston de «naufrageurs de State Street» et était aimé des pauvres. À l'intersection des rues Union et Congress, ce sont donc deux statues de bronze aussi vraies que nature qui immortalisent

Curley, l'une d'elles assise sur un banc de parc et l'autre se tenant debout sur le trottoir de briques, sans socle. Cette dernière met particulièrement en évidence la corpulence du personnage, tant et si bien que certains touristes ne peuvent résister à la tentation de lui tapoter le ventre.

En descendant l'escalier qui se trouve derrière le Government Center pour ensuite traverser la rue Congress, vous vous retrouverez au Quincy Market, une des principales attractions de Boston logée à l'enseigne du Faneuil Hall.

Le **Faneuil Hall (20)** ★★★ *(en retrait de Congress Street, ☎ 338-2323)* servait de marché central au milieu du XVIIIe siècle. Son premier étage, où James Otis et Samuel Adams déclamaient leurs discours patriotiques au cours des années précédant la Révolution, vint à être connu comme le «Berceau de la liberté». Au second se trouvent le musée et les armoiries de l'**Ancient and Honorable Artillery Company**, un des premiers groupes militaires de la nation, créé en 1638. En jetant un coup d'œil vers le haut, vous apercevrez une girouette de cuivre doré mesurant 1,25 m, à l'effigie d'une sauterelle, un des symboles et points de repère familiers de la ville.

Le **Quincy Market (21)** ★★★ est un autre marché historique, celui-là construit en 1825 et 1826, sur l'initiative du maire Josiah Quincy, en vue d'agrandir le Faneuil Hall. Selon une formule reprise par la plupart des grandes villes, le Quincy Market et les deux constructions dont il est flanqué, le North Market et le South Market, furent au cours des années soixante-dix transformé en un centre commercial dont les magasins et les restaurants attirent un nombre considérable de visiteurs. Recouvert de pavés, il est un lieu de fête populaire le jour et un secteur particulièrement animé le soir. On le décore, en outre, somptueusement à l'occasion de toutes les grandes fêtes de l'année.

En sortant du Quincy Market par l'arrière, puis en passant sous le Southeast Expressway, vous n'aurez qu'à franchir la trépidante Atlantic Avenue pour vous retrouver au bord de l'eau.

Lorsque l'avenue Atlantic fut construite dans les années 1860, elle longeait plusieurs des vieux quais de Boston, dont le **Long Wharf (22)**, un des plus anciens de tous. Érigé en 1710, ce dernier fut ainsi nommé en raison de sa longueur, qui est de 550 m. C'est sur ce quai que les Anglais ont débarqué en 1768, lorsqu'ils vinrent occuper la ville; et c'est par la même voie qu'ils ont rebroussé chemin en 1776, lorsqu'ils furent évincés. Ayant par ailleurs servi de point de départ aux premiers missionnaires en partance pour Hawaii, il fut également utile aux milliers d'habitants de la Nouvelle-Angleterre qui s'embarquaient en direction de San Francisco pour la ruée vers l'or de 1849.

Des constructions imitant celles des temples grecs et des *palazzi* de la Renaissance italienne furent bâties, au XIXe siècle, le long des quais Rowes, India, Central, Long, Commercial, Lewis, Sargent's et Union. Le **Lewis Wharf (23)**, autrefois appelé Clarke's Wharf, appartenait jadis à John Hancock, et Nathaniel Hawthorne remplit, pour sa part, les fonctions d'inspecteur des douanes au Long Wharf. Au milieu du XIXe siècle, ces quais constituaient le principal centre d'activité des *clippers*, qui assuraient le commerce avec la Chine, l'Europe, l'Australie et Hawaii.

Certains des vieux bâtiments des quais où les armateurs et les marchands de fournitures pour bateaux exerçaient anciennement leur métier, dont la **Pilot House**, le **Mercantile Wharf** et la **Chart House**, les seules constructions de la fin du XVIIIe siècle encore en place au bord de l'eau, ont depuis été transformés en boutiques, en bureaux et en restaurants.

Le Central Wharf est le siège du **New England Aquarium (24)** *(droits d'entrée; ☎ 973-5200)*, dont la présence est signalée par une sculpture rouge vif, haute de 14 m. Les Bostoniens s'y rendent volontiers pour observer les phoques qui s'ébattent dans le bassin extérieur. À l'intérieur, le réservoir océanique géant (Giant Ocean Tank) sert d'habitat à 95 espèces marines, parmi lesquelles des tortues, des requins, des murènes et d'exotiques poissons de récif. Des otaries se donnent également en spectacle à la porte voisine, sur la scène flottante du théâtre Discovery.

Le **Waterfront Park (25)** ★★ *(au nord du Long Wharf, sur Atlantic Avenue)* est un jardin de poche joliment paysager et agrémenté de trottoirs en brique; vous pouvez vous y reposer sur un banc tout en jouissant d'une vue charmante sur le port. Dédié à la regrettée matriarche du clan Kennedy, le Rose Fitzgerald Kennedy Garden, se révèle adorable à toute époque de l'année, mais plus spécialement au début de l'été, lorsqu'il est en fleurs. Il ne se trouve pas loin du lieu de naissance de Mme Kennedy, dans le North End.

Depuis les quais, vous avez la possibilité de faire une croisière autour du Boston Harbor, une excellente façon de passer un après-midi ou une soirée, et d'admirer le décor de la ville sur fond de ciel et d'océan. Parmi les entreprises qui proposent ce service, notons **Boston Harbor Cruises** *(1 Long Wharf,*

☎ *227-4320)* et **Massachusetts Bay Lines** *(60 Rowes Wharf, ☎ 542-8000).*

En partant du Long Wharf, remontez la rue State jusqu'à la **Customs House (26)** *(McKinley Square, à l'angle des rues State et India)*, une construction de granit de style néoclassique, bâtie entre 1837 et 1847, d'où les inspecteurs maritimes examinaient autrefois les cargaisons de tous les navires accostant aux quais. Aussi absurde que cela puisse paraître, ce bâtiment devint en 1915 le plus haut «gratte-ciel» de Boston, alors qu'on le surmonta d'une grande tour à horloge. Celle-ci, hors d'usage pendant de nombreuses années, fut restaurée au cours des années quatre-vingt, et sa resplendissante physionomie bleue et or éclaire désormais les nuits de la ville, visible de très loin.

Le **Cunard Building (27)** *(126 State Street)* fut érigé en 1902 pour le compte de la Cunard Steamship Line, à qui appartient le bateau de croisière *Queen Elizabeth II*. Deux ancres d'airain flanquent ses portes festonnées de dauphins et de coquillages.

L'**Old State House (28)** ★★ *(droits d'entrée; 206 Washington Street, à l'angle de State Street, ☎ 720-3291)*, une jolie petite construction de briques écrasée par les gratte-ciel avoisinants, est le plus vieux bâtiment public de Boston encore debout. Un lion de bronze et une licorne de pierres surmontent ses pignons, symboles de la Couronne britannique, car, jusqu'à la guerre d'Indépendance, c'était là le siège du gouvernement anglais. Un anneau de pavés y marque l'emplacement du massacre de Boston, l'événement déclencheur de la Révolution. Transformée en musée depuis 1882, l'Old State House renferme des galeries courbes où sont présentées diverses expositions sur l'histoire et l'architecture du bâtiment lui-même, ainsi que des premiers jours de Boston et de ses activités maritimes, incluant différents objets antiques tels que modèles réduits de navires, tableaux et lithographies.

Tout juste à côté, le **National Park Service Visitor Information** *(15 State Street, ☎ 242-5642)* offre un bon choix de cartes, de plans, de guides et de brochures de voyage, et organise en outre des visites de divers parcs nationaux accompagnées de gardes forestiers, ainsi que de certains sites de la Freedom Trail.

Un marché de fleurs extérieur ajoute au charme du bâtiment de briques de style fédéral devant lequel il se trouve : l'**Old South Meeting House (29)** ★★ *(droits d'entrée; 310 Washington Street, à l'angle de Milk Street, ☎ 482-6439)*. Construit en 1729, cet édifice est percé de hautes fenêtres palladiennes, et son intérieur révèle une tribune blanche ainsi que des lustres à bougies. Plusieurs rencontres cruciales pour la préparation de la guerre d'Indépendance se sont déroulées ici, incluant le débat qui provoqua le Boston Tea Party. D'innombrables notables ont pris la parole en ces lieux, dont Samuel Adams, John Hancock et, plus tard, Oliver Wendell Holmes. Bien qu'elle ait subi de nombreux assauts (les Anglais y avaient installé une école d'équitation, avec barre de saut et tout le tralala, et elle dut temporairement servir de bureau de poste à la suite de l'incendie dévastateur de 1872), elle a maintenant retrouvé tous ses atours du XVIIIe siècle. Des enregistrements sonores y recréent l'atmosphère de l'historique débat sur le thé, de même que de plusieurs autres harangues.

La rue Milk mène droit au cœur du Financial District, un véritable labyrinthe qui s'étend de la rue State à la rue High vers le sud, et jusqu'à Washington Street à l'est. Dominé par les tours des grandes banques et des immeubles à bureaux, le quartier des affaires a connu un essor prodigieux au cours des années quatre-vingt, alors qu'il a vu naître de nombreux édifices plus audacieux les uns que les autres, suscitant une vive controverse quant au bien-fondé de leur architecture dans une ville aussi conservatrice que Boston. Pour vous en donner un exemple, on affuble gaiement la **Bank of Boston (30)** *(100 Federal Street)* du sobriquet de *Pregnant Alice* (la femme enceinte), tellement son aspect fait penser à un ventre gonflé.

Au cours de sa progression dévorante, le **grand incendie de 1872** a rasé près de 25 ha dans le centre de Boston. L'endroit précis où sa course, en direction du sud, put enfin être arrêtée est marqué d'une plaque de bronze, posée sur la façade du bureau central des postes américaines au **Post Office Square**, à l'angle des rues Milk et Devonshire.

Deux joyaux vous attendent dans le hall d'entrée du **New England Telephone Building (31)** *(185 Franklin Street)*. La première est une imposante murale intitulée *Telephone Men and Women at Work*, faisant entièrement le tour de la rotonde et représentant plusieurs décennies d'ouvriers et ouvrières des services téléphoniques, des standardistes des années 1880 aux ingénieurs modernes, en passant par les poseurs de câbles et les téléphonistes du service de renseignements. La seconde est la mansarde d'Alexander Graham Bell, un réduit sombre rempli d'objets rappelant la naissance du téléphone à Boston, en 1875. À peu de choses près, la mansarde a la même allure que celle où Bell travaillait, si ce n'est qu'elle se trouvait alors au 109 de la rue Court (une **plaque de bronze** posée sur le Government Center, en face du John F. Kennedy Building, marque l'endroit d'où le son fut transmis par fils pour la première fois, de cette mansarde du quatrième étage).

Devant le 100 Summer Street se dresse un mobile qui ressemble à un gigantesque arbre à sucettes jaunes, une extravagance pour le moins inattendue dans une ville où les œuvres artistiques exposées aux regards des passants sont plutôt rares. Les Bostoniens l'ont familièrement baptisé «les sucettes», mais son vrai titre est **Helion (32)**, et il fait partie d'un groupe de pièces du sculpteur Robert Amory connues sous le nom de *windflowers* (fleurs au vent).

Suivez ensuite la rue Summer en direction du sud jusqu'à la **South Station (33)** ★ *(angle Summer Street et Atlantic Avenue)*, une gare monumentale de très grand style à son époque; de fait, elle était la plus grande gare ferroviaire du monde au tournant du siècle. À la suite d'une restauration complète, achevée en 1989, ce château de granit rose a aujourd'hui retrouvé toute sa prestance. Des colonnes ioniques, une balustrade et une horloge surmontée d'un aigle ornent sa façade incurvée de style Beaux-Arts, couvrant deux rues entières. La South Station est aujourd'hui une plaque tournante pour les usagers du métro, du train et de l'autobus. Son intérieur, conçu de façon à ressembler à une place de marché européenne, resplendit de marbre poli et de rampes cuivrées; on y trouve également une foule de restaurants, de commerces et de vendeurs ambulants.

De l'autre côté de la rue, vous pouvez visiter la **Federal Reserve Bank (34)** *(600 Atlantic Avenue, à l'angle de Summer Street, ☎ 973-3451)*, dans les locaux de laquelle passent, chaque jour, des devises totalisant plusieurs millions de dollars. Son architecture inusitée (la façade ressemble à une énorme planche à laver, et il y a un vide là où le quatrième étage devrait normalement se trouver) est destinée à lui permettre de résister à la pression du vent et aux puissants courants descendants auxquels la structure est exposée. La *Fed*, dont l'entrée arbore fièrement quantité de sculptures et de murales, est en outre le théâtre de concerts classiques et de jazz, de même que d'expositions d'art et d'artisanat renouvelées périodiquement.

La **Winthrop Lane (35)** ★, un minuscule passage pavé de briques qui relie les rues Arch et Devonshire, s'enorgueillit d'une des œuvres d'art publiques les plus intéressantes de Boston, intitulée *Boston Bricks : A Celebration of Boston's Past and Present* («Briques de Boston : Un hommage au passé et au présent de Boston»). En 1985, les artistes Kate Burke et Gregg Lefevre ont créé des bas-reliefs en bronze représentant divers personnages, scènes et récits de Boston qu'ils ont ensuite disposés le long de ce petit raccourci de briques rouges emprunté par les gens qui travaillent dans le quartier des affaires. Prenez le temps d'examiner attentivement les détails de l'ensemble, et vous découvrirez entre autres les Red Sox (équipe de baseball) et les bateaux-cygnes du lagon du Public Garden, tandis que d'autres représentations vous laisseront complètement perplexes.

La South Station n'est qu'à deux pas du **Chinatown**, délimité par les rues Essex et Washington et le Southeast Expressway. Si on le compare aux quartiers chinois des autres grandes villes américaines, celui de Boston est plutôt minuscule, couvrant à peine quelques rues. Mais il faut savoir qu'il occupait un territoire beaucoup plus étendu il y quelques dizaines d'années, avant que la construction du Southeast Expressway ne vienne l'éventrer, et que celle du Tufts New England Medical Center n'en dévore un autre morceau de taille. Désormais pris en étau entre la voie rapide et la Combat Zone, le Chinatown n'a guère plus le loisir d'élargir ses frontières. Mais ne vous laissez pas tromper par ses dimensions restreintes, car sa dense population en fait le troisième quartier chinois en importance aux États-Unis.

À l'origine, les Chinois furent amenés par train de la Côte Ouest afin d'enrayer une grève dans l'industrie de la chaussure au cours des années 1870. Ils choisirent de s'établir à proximité de la South Station de manière à faciliter leurs déplacements. Vivant tout d'abord dans des tentes, ils en vinrent peu à peu à construire leurs propres maisons ou à s'installer dans des endroits précédemment habités par des Syriens, des Irlandais et des Italiens.

En dépit de sa taille restreinte, ou peut-être est-ce précisément à cause de ce facteur, le Chinatown est on ne peut plus authentiquement chinois. Le quartier est truffé de commerces et de restaurants chinois, et leurs enseignes sont toutes en chinois. Même les cabines téléphoniques rappellent les pagodes chinoises.

Le **portail du quartier chinois**, un présent de Taïwan à l'occasion du bicentenaire du Chinatown, en marque l'entrée, à l'intersection de Beach Street et de Surface Road. De pierres blanches et surmonté d'une imposante pagode verte, il est gardé de l'avant et de l'arrière par des chiens de style Foo, de même que par des personnages chinois dorés sur fond de marbre vert. Les noms de ces personnages classiques n'ont pas vraiment de traduction comme telle en chinois moderne, mais ils incarnent des principes moraux, comme la justesse, la droiture, la modestie et l'honneur.

Le **Chinese Culture Institute (36)** *(276 Tremont Street, ☎ 542-4599)* a ouvert ses portes en 1980. On y trouve une galerie où peintures, sculptures, céramiques et arts populaires chinois font l'objet d'expositions périodiques. L'institut présente également des concerts, des pièces de théâtre, des récitals de danse et des conférences.

À l'intersection de Harrison Avenue et d'Oak Street se trouve une énorme murale, l'*Unity/Community Chinatown Mural* **(37)**, peinte en 1986 et représentant l'histoire des Chinois de Boston. Parmi ses personnages à nattes figurent des ouvriers de la construction, un blanchisseur et des femmes assises devant des machines à coudre. D'autres scènes présentent des Chinois apprenant à lire, protestant pour sauver leur logement ou exerçant diverses carrières professionnelles.

Même si vous choisissez de ne pas en ramener à la maison, vous pourrez toujours vous contenter de regarder les poulets vivants d'**Eastern Live Poultry** *(48 Beach Street, ☎ 426-5960)*, caquetant à qui mieux mieux dans des cages de broche empilées les unes sur les autres. Les Bostoniens font la queue pour en acheter, vivants ou plumés.

Rejoignez ensuite Tremont Street, à deux rues de là, et marchez en direction du sud. En un rien de temps, vous vous retrouverez dans le quartier du spectacle (**Theater District**), concentré autour de Tremont Street, de Warrenton Place et de Charles Street South. À Boston, la vie artistique est particulièrement prestigieuse et animée, et plusieurs des pièces qu'on y présente sont des essais destinés à être produits à Broadway. Parmi les six ou sept théâtres de renommée nationale qu'on trouve ici, notons le **Colonial (38)** *(106 Boylston Street, ☎ 426-9366)*, en activité continue sur la plus longue période par rapport aux autres établissements du pays. À l'époque de son érection, en 1900, son apparence somptueuse lui valait en outre d'être considéré comme le plus élégant de tous les théâtres de la nation, et pour cause : son vestibule d'une hauteur de plus de 20 m est tapissé de marbre italien, et son foyer, orné de bois sculpté, de Cupidons et d'épais miroirs, est rehaussé d'escaliers de bronze, sans parler des fresques qui garnissent son plafond. George M. Cohan, Noel Coward, Fred Astaire, Katharine Hepburn et les frères Marx ont tous foulé ses planches.

Anciennement le siège du Metropolitan Theater, le splendide **Wang Center for the Performing Arts (39)** *(270 Tremont Street, ☎ 482-9393)* a été construit en 1925 comme un «palais» où l'on présentait en grande première les films des Années folles. Conçu de façon à rappeler l'Opéra de Paris et le château de

Versailles, il a aujourd'hui retrouvé son faste d'antan, richement décoré de feuilles d'or, de cristal, de grandes glaces et de marbre italien. Ses 3 610 places en font un des plus grands théâtres du monde, et l'on a vu s'y produire un grand nombre d'artistes célèbres, parmi lesquels les sœurs Andrews, Yo-Yo-Ma, Rudolph Nureyev, Luciano Pavarotti, Benny Goodman et les Grateful Dead. Le centre figure au registre national des monuments historiques et ouvre ses portes au public dans le cadre de visites guidées, offertes certains jours de semaine.

À l'angle des rues Tremont et Charles South, l'**Eliot Norton Park (40)** s'étend à l'endroit où le quartier chinois et le quartier du spectacle rencontrent le Bay Village. La ville a complété la rénovation, attendue depuis longtemps, de cette oasis urbaine en août 1994, et de nouveaux lampadaires ainsi que des pelouses verdoyantes égayent désormais ce lieu autrefois sombre, sinistre et même dangereux. On a, fort à propos, dédié ce parc au doyen des critiques de théâtre américains.

Peu de gens savent qu'**Edgar Allan Poe** a longtemps vécu à Boston. On a donc placé, en 1989, une plaque de bronze à sa mémoire à l'angle de Boylston Street et d'Edgar Allan Poe Way. Né ici même, Poe était le fils d'un couple d'acteurs du Boston Theatre. C'est également à Boston qu'il a publié son premier titre, qu'il s'est enrôlé dans l'armée et qu'il a donné de nombreuses conférences.

La **Grand Lodge of Masons (41)** *(186 Tremont Street, à l'angle de Boylston Street, ☎ 426-6040)* est ornée de mosaïques bleu et or représentant divers symboles maçonniques; dans son grand hall d'entrée, vous pourrez contempler plusieurs objets et photos reliés à la Grande Loge.

La célèbre **Combat Zone** de Boston, située au nord de Washington Street, fait désormais partie des espèces en voie de disparition. Avec l'accélération du développement urbain, à la fin des années soixante-dix, sa pléthore de bars malfamés, de librairies érotiques, de cinémas pour adultes et de salons aux serveuses et danseuses aux seins nus, s'est trouvée réduite de façon substantielle, si bien que le quartier se limite aujourd'hui à quelques pâtés de maisons seulement, ce qui en ferait la risée de tout «habitué» des grandes métropoles dignes de ce nom.

Le **Downtown Crossing (42)** *(à l'angle des rues Washington et Summer)* est le centre nerveux du magasinage au centre-ville, et c'est en foule que les clients du midi s'amassent dans les rues piétonnes pavées de briques de ces artères commerciales, en face du **Jordan Marsh** et du **Filene's**, qui sont deux des plus anciens magasins à rayons de Boston. Avec ses vendeurs

L'**Old Corner Bookstore (43)** *(1 School Street, à l'angle de Washington Street, ☎ 523-6658)*, qui s'appelle maintenant le Globe Corner Bookstore, était un véritable rendez-vous littéraire au milieu du XIXe siècle (voir l'encadré «Les librairies de Boston», p 184). Recouverte de panneaux d'affichage au cours des années cinquante, cette librairie fut, à une certaine époque, menacée de destruction par le plan de renouveau urbain, mais des associations de sauvegarde du patrimoine parvinrent à la sauver.

L'**Old City Hall (44)** ★ *(45 School Street)*, un bâtiment grandiose de style Second Empire français, a été rénové au cours des années soixante-dix; il abrite maintenant des bureaux et un restaurant français. Une des premières constructions du XIXe siècle à être recyclée, l'Old City Hall a grandement contribué à l'essor du mouvement de sauvegarde du patrimoine de Boston. Devant sa façade se dresse la **Franklin Statue**, haute de 2,5 m, un hommage à Benjamin Franklin. Des reliefs recouvrent son socle, illustrant divers épisodes de la carrière du grand homme en tant qu'imprimeur, homme de science et signataire de la déclaration d'Indépendance.

La **Bromfield Street (45)**, un court passage reliant les rues Washington et Tremont, est bordée de minuscules boutiques d'appareils photo, de bijoutiers et horlogers, de comptoirs philatéliques, de prêteurs sur gage et de un ou de deux petits cafés. Quelques bâtiments historiques intéressants longent cette rue, y compris la résidence du héros de la guerre d'Indépendance, Thomas Cuching, qui organisait ici des rencontres avec les Adamses, Thomas Paine et d'autres de ses copains.

L'**Omni Parker House (46)** *(60 School Street, ☎ 227-8600)*, établie en 1855, est le plus vieil hôtel des États-Unis à n'avoir jamais cessé ses activités. Peu après son érection, il devint le rendez-vous du Saturday Club, un groupe littéraire dont Nathaniel Hawthorne, Ralph Waldo Emerson, Henry Wadsworth Longfellow, James Russell Lowell, Oliver Wendell Holmes et John Greenleaf Whittier faisaient tous partie. C'est d'ailleurs à ce groupe qu'on doit la création du mensuel *Atlantic Monthly*.

La **King's Chapel (47)** ★ *(à l'angle des rues Tremont et School, ☎ 523-1749)* revêt une triste allure de mausolée. En effet, son clocher ne fut jamais achevé, de sorte que c'est un bâtiment de granit nu et écrasé qu'encadrent ses colonnes ioniques. L'intérieur est cependant magnifique, avec ses lustres d'étain et ses colonnes corinthiennes sculptées. D'abord la première église anglicane de la Nouvelle-Angleterre, la King's Chapel devint, par la suite, la première église unitarienne d'Amérique. Elle fut en outre célèbre pour sa musique, car il s'agit de la première église de Boston à avoir abrité un orgue (il faut savoir que les puritains ne favorisaient pas la musique au cours des offices du dimanche).

À côté de l'église se trouve le **King's Chapel Burying Ground**, le plus vieux cimetière de Boston. C'est là que sont enterrés John Winthrop, le premier gouverneur de la colonie, et William Daws, le soldat qui aida Paul Revere à prévenir les forces coloniales de l'arrivée des Anglais.

La **Park Street Church (48)** ★ *(à l'angle des rues Park et Tremont,* ☎ *523-3383)* se présente, pour sa part, comme une des plus belles églises de Boston, avec son extérieur de briques et sa flèche signée Christopher Wren. Pendant la guerre de 1812, on l'avait surnommée Brimstone Corner (la soufrière), car on entreposait de la poudre dans son soubassement. Par ailleurs, c'est ici que William Lloyd Garrison prononça son premier discours contre l'esclavage et que l'hymne *America* fut entonné pour la première fois. Le soir, on peut aujourd'hui y entendre des concerts de carillons.

Tout à côté s'étend l'**Old Granary Burying Ground**, un cimetière qui tire son nom d'un vaste entrepôt de céréales qui se dressait autrefois sur le terrain qu'occupe aujourd'hui l'église. Paul Revere, la «Mère l'Oie» de Boston (Elizabeth Ver Goose, célèbre pour ses comptines) et trois des signataires de la déclaration d'Indépendance, dont John Hancock, sont enterrés ici. Vous ne pourrez toutefois identifier l'emplacement exact de leur sépulture, car les pierres tombales ont été déplacées afin de faciliter l'entretien de la pelouse. Parmi les motifs populaires qu'on retrouve le plus souvent sur les stèles, mentionnons les têtes de mort, les squelettes et les sabliers.

Le **Boston Common (49)** ★★, une vaste étendue de verdure plantée d'arbres, en outre un des plus vieux jardins publics d'Amérique, n'a pas toujours été ce qu'il est aujourd'hui. En 1634, ses hectares servaient en effet de pâturage, de terrain d'entraînement pour la milice et de scène publique où l'on pendait les adultères, les *quakers*, les pirates et les sorcières. À quelques pas du kiosque d'information se trouve la **fontaine Brewer**, apportée de Paris en 1868 par Gardner Brewer pour sa résidence de Beacon Hill et plus tard donnée à la Ville. Parmi les monuments et statues qui agrémentent le Common, il faut souligner le *Soldiers and Sailors Monument*, situé en hauteur sur une colline et dont les personnages symbolisent l'histoire et la paix.

De nos jours, les employés des bureaux du centre-ville empruntent ses sentiers entrecroisés pour se rendre plus rapidement au travail. Mais l'endroit est aussi très fréquenté par les amateurs de jogging et de *frisbee*, et nombreux sont ceux qui viennent y promener leur chien. Vous pouvez également jeter un coup d'œil à l'intérieur de la **Park Street Station**, la toute première station du tout premier métro de la nation, inaugurée en 1897.

Le Boston Common est le premier joyau du «collier d'émeraudes» (**Emerald Necklace ★★★**) de Boston, un réseau de jardins, de pelouses et de parcs qui sillonnent et entourent la ville jusqu'à Jamaica Plain, Brookline et le Fenway. Le projet en fut conçu au début du siècle par le célèbre architecte paysagiste Frederick Law Olmsted, convaincu que l'addition de jardins à la ville servirait d'antidote au bruit, au stress et au manque de naturel de la vie citadine. L'Emerald Necklace comprend, outre le Boston Common, le Public Garden, le Commonwealth Avenue Mall, le Back Bay Fens, l'Olmsted Park, le Jamaica Pond, le Franklin Park et l'Arnold Arboretum. Le Boston Parks and Recreation Department *(☎ 635-7383)* organise périodiquement des visites à pied et à bicyclette du «collier» tout entier. Ses autres éléments seront décrits à tour de rôle dans les sections se rapportant aux quartiers où ils se trouvent.

À l'extrémité nord-est du Boston Common, vous pouvez emprunter Park Street pour vous rendre à Beacon Hill.

★ Beacon Hill ★★

Le nom de ce quartier vient de ce qu'en 1634 un feu d'alarme (*beacon*) fut aménagé au sommet de la colline où il se trouve dans le but de prévenir les colons de tout danger. La colline était autrefois beaucoup plus élevée qu'aujourd'hui, ce qui s'explique par le fait qu'on lui a retranché 18 m au XIXe siècle afin d'y permettre le développement d'un secteur résidentiel.

Après une importante vague d'édification, Beacon Hill ne tarda pas à devenir le quartier le plus sélect de la ville, regroupant médecins, avocats, écrivains et intellectuels de toutes sortes. Oliver Wendell Holmes décrivait d'ailleurs l'endroit comme *«l'artère ensoleillée où s'établissent les bien nantis».* Les premiers résidants officiels du quartier furent John Singleton Copley et John Hancock. Parmi leurs successeurs, notons Daniel Webster, Louisa May Alcott, William Dean Howells, Henry James et Jenny Lind.

Aucune partie de Boston n'est plus élégante que Beacon Hill. Ce charmant secteur ressemble encore à un quartier du XIXe siècle, avec ses lampadaires à gaz, ses trottoirs en brique et ses rues étroites à une seule voie qui ondulent au gré de la colline. Les maisons de briques qui vinrent s'aligner en bordure de ses rues furent conçues dans le plus pur style fédéral, avec des fenêtres symétriques, des baies de porte à imposte, des persiennes noires et des grillages en dentelle de fer forgé noir. Les habitants du quartier adorent les boîtes de fleurs et les jardins, plusieurs résidences s'ouvrant sur de magnifiques jardins dissimulés par des murs, lesquels sont toutefois accessibles au public dans le cadre des visites printanières des «jardins cachés» de Beacon Hill (**Hidden Gardens of Beacon Hill**) qu'organise, chaque année, le Beacon Hill Garden Club *(P.O. Box 302, Charles Street Station, Boston, MA 02114,* ☎ *227-4392)*.

Le diadème de Beacon Hill, posé sur son sommet, est la Massachusetts **State House** ★ *(*☎ *727-3676)*, qui a avantageusement remplacé l'ancien capitole du centre-ville. Après la guerre d'Indépendance, les dirigeants de l'État désiraient voir le nouveau gouvernement prospère siéger dans un édifice plus prestigieux. C'est ainsi que Charles Bulfinch dessina ce bâtiment pour eux en 1795, toujours dans le style fédéral, avec un dôme doré, une façade en brique, des fenêtres palladiennes ainsi que des colonnes et des moulures corinthiennes. Ne manquez surtout pas de visiter l'intérieur des lieux, avec son impressionnante rotonde, ses sols recouverts de 24 variétés de marbre, ses rampes d'escalier uniques en dentelle de fer forgé noir, ses fenêtres à vitraux et ses plafonds voûtés richement décorés. N'oubliez pas non plus la «morue sacrée» (**Sacred Cod**), un poisson de bois suspendu à l'intérieur de la Chambre des députés en 1784 pour souligner l'importance de l'industrie de la pêche dans le Massachusetts.

L'**Old Court House** *(Pemberton Square)*, qu'occupe aujourd'hui le palais de justice du Suffolk County, comporte une vaste rotonde aux plafonds voûtés et ornés de rosettes d'or, de chérubins, d'urnes, de manuscrits et de sonneurs de trompettes. La rotonde est entourée de cariatides représentant la Justice, la Force, le Châtiment, le Remords, la Récompense, la Sagesse, la Religion et la Vertu.

Nombreux sont ceux qui se rendent au **Louisbourg Square** ★★ *(entre les rues Mount Vernon et Pinckney)* à seule fin de jouir de sa beauté. Au centre du square se trouve un paisible jardin de forme ovale, ceinturé d'une haute clôture de fer noir et entouré de maisons en brique aux fenêtres en rotonde. L'ensemble fait tellement penser à Londres qu'une entreprise cinématographique anglaise y a tourné le film *Vanity Fair* dans les années vingt. Louisa May Alcott vivait au n° 20.

La petite rue à une voie qu'est **Acorn Street** *(immédiatement au sud du Louisbourg Square, entre les rues Cedar et Willow)* est une des rares rues pavées, d'ailleurs on ne peut plus pittoresque, qui subsiste encore à Beacon Hill. C'est ici que vivaient autrefois les cochers et domestiques des grandes résidences avoisinantes.

Le **Rose Standish Nichols House Museum** *(droits d'entrée; 55 Mount Vernon Street,* ☎ *227-6993)* n'était pas très chic pour son époque, mais il n'en demeure pas moins un bel exemple des maisons accolées les unes aux autres qu'on construisait ici à la fin du XIX⁰ siècle. Standish Nichols était tout un personnage en son temps; architecte paysagiste renommée et pacifiste notoire, elle avait voyagé partout dans le monde et comptait Woodrow Wilson parmi ses amis. Conçue par Charles Bulfinch, sa maison est remplie d'antiquités rares telles que tapisseries de la Renaissance flamande, statues du célèbre sculpteur américain Augustus Saint-Gaudens et papiers peints pour le moins inusités en imitation de cuir rehaussé d'or.

Au **85 Mount Vernon Street** se trouve la seconde résidence dessinée par Bulfinch pour le compte de Harrison Gray Otis, alors que la troisième, une fantaisie sans précédent, peut être contemplée au **45 Beacon Street**.

Vous auriez beaucoup de mal à trouver une bibliothèque plus grandiose que la **Boston Athenæum** ★ *(10½ Beacon Street,* ☎ *227-0270)* : hauts plafonds et passages voûtés encadrés de colonnes, une multitude de bustes en marbre, tables de lecture en bois massif et fauteuils de cuir rouge capitonnés de cuivre jaune. Fondée en 1807 par un groupe incluant le révérend William Emerson, nul autre que le père de Ralph Waldo Emerson, elle figure au nombre des plus vieilles bibliothèques privées du pays. Sa galerie de peintures et sa salle de sculptures ont abrité le premier musée d'art de Boston, et l'établissement possède encore de nos jours une impressionnante collection d'œuvres d'art, y compris des travaux de Gilbert Stuart, John Singer Sargent et Chester Harding. La Boston Athenæum est en outre réputée pour ses collections de lithographies américaines du XIX⁰ siècle, de cachets des États confédérés et d'ouvrages ayant appartenu à George Washington, au général Henry Knox et à Jean-Louis Cardinal Cheverus. Visite possible sur rendez-vous.

Les **Appleton-Parker Houses** *(39-40 Beacon Street)*, deux maisons jumelles de style néoclassique identiques en tous points, ont originellement été construites pour le compte de deux riches marchands. C'est ici, au n° 39, que Fanny Appleton a épousé Henry Wadsworth Longfellow en 1843; et le n° 40 est maintenant devenu le siège du Women's City Club.

Au 63-64 Beacon Street, vous pouvez encore voir quelques spécimens du célèbre **«verre pourpre» de Beacon Hill**, dont les reflets caractéristiques sont l'effet d'une réaction à la lumière du soleil. Comme tous les autres vestiges de la tradition propre à ce quartier, ces carreaux uniques en leur genre ont suscité un intérêt grandissant au fil des années.

Aussi surprenant que cela puisse paraître, car la plupart des gens perçoivent Beacon Hill comme un véritable bastion des «brahmanes» de Boston, la face nord de la colline était au XIXe siècle le cœur même de la communauté noire émergente. Les Noirs avaient fait leur entrée à Boston comme esclaves en 1638 et, en 1705, on en dénombrait plus de 400, y compris une poignée de Noirs affranchis, qui s'établirent dans le North End. Au cours du XIXe siècle, la plupart des Noirs transportèrent leurs pénates dans le West End et à Beacon Hill, entre les rues Joy et Charles. Les Noirs libres travaillèrent alors d'arrache-pied pour loger convenablement les leurs et leur assurer une bonne éducation, ainsi que pour mettre fin à l'esclavage.

Plusieurs de leurs maisons et bâtiments publics s'y trouvent toujours. Vous pouvez d'ailleurs les voir au fil des 14 étapes du circuit de la **Black Heritage Trail**. Des plans de ce circuit, qui se parcourt à pied, sont disponibles au comptoir d'information touristique du Boston Common (*Boston Common Visitor Information*) ainsi qu'au **Museum of Afro-American History** *(46 Joy Street, ☎ 742-1854)*.

Parmi les bâtiments publics, notons l'**African Meeting House** *(8 Smith Court)*, la plus vieille église noire d'Amérique encore debout, construite en 1806. On la désignait sous le nom de Black Faneuil Hall à l'époque de l'abolitionnisme. C'est ici qu'en 1832 la société antiesclavagiste de la Nouvelle-Angleterre (New England Anti-Slavery Society) fut créée, avec des orateurs comme le dirigeant noir Frederick Douglas et des abolitionnistes comme William Lloyd Garrison et Charles Sumner.

À l'angle des rues Beacon et Park est présenté un vibrant hommage au premier régiment noir enrôlé à l'occasion de la guerre de Sécession, qui marque en outre le point de départ de la Black Heritage Trail : le **Robert Gould Shaw and 54th Regiment Memorial**. Il s'agit d'une sculpture en bas-relief d'Augustus Saint-Gaudens, dépeignant le régiment en marche précédé de son chef blanc, le Bostonien Robert Gould Shaw, et surmonté d'un ange protecteur. Le film *Glory*, qui raconte précisément l'histoire du 54e régiment, a pour sa part grandement contribué à mettre en valeur l'importance du rôle militaire des Noirs au cours de la guerre de Sécession.

La piste vous entraîne également vers une des premières écoles pour enfants noirs et vers des maisons construites par des Noirs libres, dont la **Lewis and Harriet Hayden House** *(66 Phillips Street)*, qui servit de gare ferroviaire souterraine et qui fut visitée par Harriet Beecher Stowe.

Sur une tout autre note, le petit écran apporte également sa contribution à l'histoire de Beacon Hill. Tels des pigeons voyageurs, les touristes foncent en effet immanquablement sur les lieux d'enregistrement de la série télévisée *Cheers*; alors aussi bien en parler ici même. L'émission se déroule au **Bull and Finch Pub** *(au sous-sol du 84 Beacon Street, ☎ 227-9605)*, à ne pas confondre avec le Three Cheers *(390 Congress Street)*, qui n'a rien à voir avec la série. Malgré le fait que le Bull and Finch ait considérablement capitalisé sur son succès télévisuel (entre autres en vendant t-shirts, chopes à café et chapeaux Cheers, à l'étage supérieur du hall d'entrée du Hampshire House Hotel), le célèbre bar n'en a pas moins conservé une atmosphère tout à fait chaleureuse. Il s'agit d'un authentique pub d'origine anglaise qu'on a démantelé et transporté ici par bateau avec tous les éléments de son décor, y compris les antiques panneaux de cuir et de noyer qui en recouvraient les murs.

Un autre point d'intérêt pour les amateurs de séries télévisées se trouve également à Beacon Hill. Il s'agit de la caserne de pompiers au-dessus de laquelle vivait le détective privé du nom de Spenser dans *Spenser for Hire*, et où il pénétrait par une porte rouge vif. La caserne est à côté de la Charles St. Meeting House, sur la rue Mount Vernon, à l'angle de River Street.

Back Bay ★★★

En dépit de ses humbles origines (il ne s'agissait au départ que d'une vulgaire mare de boue), Back Bay ne tarda pas à devenir

Back Bay 83

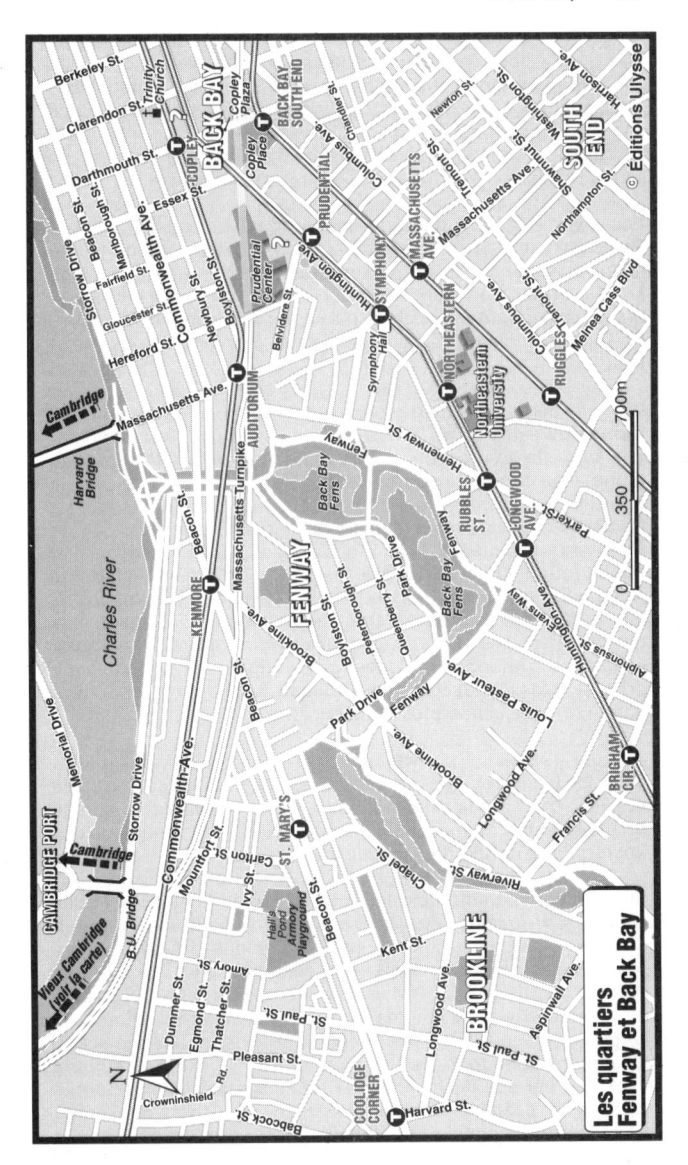

Les quartiers Fenway et Back Bay

un quartier chic. Au fur et à mesure qu'elle se développait, la ville, jusqu'alors confinée à la péninsule originale qui entourait le Boston Common, manquait de plus en plus d'espace. Elle entreprit, en 1858, de combler les laisses vaseuses de Back Bay, le plus important projet d'assèchement de l'époque. Quelque 180 ha de marécages furent ainsi transformés en terres utilisables au cours des 20 années qui suivirent.

Pour avoir bénéficié d'autant de latitude dans sa planification, Back Bay est le seul secteur de la ville où l'on peut déceler une logique évidente, avec des artères formant un quadrillage régulier et des rues transversales nommées par ordre alphabétique en s'inspirant de célèbres palais ducaux, comme Arlington, Berkeley, Clarendon, Dartmouth, Exeter, Fairfield, Gloucester et Hereford.

Le nerf central de cette œuvre grandiose est l'**Avenue du Commonwealth ★★**. Dessinée sur le modèle des Champs-Élysées, elle se présente comme un large boulevard rehaussé d'une allée centrale recouverte de pelouse qui traverse tout le quartier. La *Comm Ave*, comme l'appelle les résidants, est bordée de majestueuses demeures de grès bruns ainsi que de plusieurs bâtiments historiques. Les rues Beacon et Marlborough lui sont parallèles, de même que la chic rue Newbury, courue pour ses boutiques élégantes, ses magasins de fourrures et de vêtements, ses bijouteries de luxe, ses galeries d'art, ses antiquaires et ses innombrables restaurants. Le quartier s'étend vers l'ouest jusqu'au Kenmore Square, au-delà de Massachusetts Avenue, que les natifs de l'endroit abrègent une fois de plus en *Mass Ave*.

Au nord, le quartier s'arrête à la rivière Charles, dont la large et verte **Esplanade** est grandement fréquentée par les amateurs de soleil au cours de la saison chaude. C'est également là que se trouve le **Hatch Memorial Shell**, où l'orchestre symphonique des Boston Pops donne des concerts en été.

Si le Boston Common est le Central Park de Boston, le **Public Garden ★★** *(délimité par les rues Beacon, Charles, Arlington et Boylston)*, siège du premier jardin botanique d'Amérique, ne peut qu'être ses Tuileries. Somptueusement paysagé d'arbres et de fleurs, ce jardin offre un lagon bordé de saules pleureurs où évoluent en saison les fameux **Swan Boats** (bateaux-cygnes), créés en 1877 par Robert Paget, inspiré par une scène de l'opéra *Lohengrin* de Wagner. Ils sont d'ailleurs toujours exploités par ses descendants. Certaines statues importantes se trouvent également au Public Garden, dont celles de **George Washington** à cheval et de l'abolitionniste Wendall Phillips.

Si vous pénétrez dans le jardin public par l'entrée située à l'angle des rues Beacon et Charles, vous ne manquerez pas d'apercevoir **Mrs. Mallard and her brood of eight ducklings** (Mère Cane et ses huit petits), marchant tous à la queue leu leu en direction de l'étang. Ces statues de bronze plus grandes que nature, placées ici en 1987, représentent les célèbres canards du conte pour enfants de Robert McCloskey, *Make Way for Ducklings* (Laissez passer les petits canards). Chaque année, à l'occasion de la fête des Mères, les canetons sont fêtés en grande pompe à l'occasion du Duckling Day (Jour des canards), alors que l'Historic Neighborhoods Foundation *(2 Bedford Street,* ☎ *426-1885)* organise un festival et un défilé en leur honneur.

Depuis son ouverture en 1927, le **Ritz-Carlton ★** *(15 Arlington Street,* ☎ *536-5700)* n'a cessé de servir une clientèle de prestige. L'immeuble en brique de 17 étages qui surplombe le Public Garden n'est peut-être pas particulièrement frappant de l'extérieur, mais son intérieur incarne la quintessence de l'élégance d'autrefois, avec un hall donnant d'emblée sur un large escalier incurvé garni d'exquises rampes de bronze. Son premier propriétaire n'acceptait jamais une réservation sans avoir pris le soin de consulter le registre mondain ou les annuaires d'affaires pour s'assurer de la réputation de son client. Plusieurs personnalités ont par ailleurs vécu au Ritz, incluant Charles Lindbergh et Winston Churchill, sans compter toutes celles qui y ont fait un séjour, comme Rodgers et Hammerstein, Albert Einstein, le duc et la duchesse de Windsor, Tennessee Williams, John F. Kennedy et même Lassie, ainsi que Rin Tin Tin.

Sur la même rue, vous découvrirez l'**Arlington Street Church** *(à l'angle des rues Arlington et Boylston)*, construite dans le style géorgien et coiffée d'un gracieuse aiguille façonnée à la manière de Christopher Wren.

Construit en 1905 dans le style Beaux-Arts, le **Berkeley Building** *(420 Boylston Street)* est si richement enrubanné de moulures en bas-reliefs de terre cuite et de fioritures d'un blanc vaporeux qu'on dirait un gâteau de noces. Étage sur étage, il est percé de fenêtres encadrées de vert glauque, et son enseigne de marbre noir est flanquée de dauphins et de serpents de mer. Magnifiquement restauré en 1989, il abritait autrefois le centre de désign de Boston.

Il n'existe pas de meilleur poste d'observation de Boston que le sommet du **John Hancock Observatory ★★** *(droits d'entrée; 200 Clarendon Street, Copley Square,* ☎ *572-6429)*, qui compte 60 étages et s'impose comme le plus haut gratte-ciel de la Nouvelle-Angleterre. À partir de son faîte (225 m), vous pourrez contempler le Capitole (State House), les White Mountains du New Hampshire et la South Coast. Outre cette vue inégalée, on vous propose des expositions, un film, des photos et un spectacle son et lumière sur l'histoire de la ville. Au sol, les parois de verre de l'édifice, incroyables miroirs, reproduisent les bâtiments avoisinants aussi fidèlement qu'une photographie. Au moment de sa construction, vers la fin des années soixante, les architectes s'opposaient amèrement au projet rhomboïdal d'I.M. Pei, prétendant qu'il défigurerait complètement le Copley Square. Il n'en est pas moins devenu une pierre angulaire de Boston et, depuis que ses fenêtres de verre bleuté se sont fracassées sur la chaussée au début des années soixante-dix, les collectionneurs s'en arrachent les fragments. Pour les remplacer, il a fallu débourser plus de huit millions de dollars!

La **New Old South Church** *(à l'angle des rues Boylston et Dartmouth)* devint le nouveau lieu de culte de la congrégation de l'Old South Meeting House, lorsqu'en 1875 celle-ci estima que le voisinage de la rue Washington était devenu trop bruyant pour qu'on y entende les sermons. Sa façade gothique est dominée par une tour et des rosettes de pierre sculptées; son intérieur révèle des mosaïques vénitiennes et des vitraux du XV⁰ siècle représentant les prophètes, les évangélistes, les miracles et les paraboles.

Au cœur même du quartier se trouve le splendide **Copley Square** ★★ *(sur Boylston Street, entre les rues Clarendon et Dartmouth)*, nommé en l'honneur de l'artiste John Singleton Copley. Véritable carrefour religieux et intellectuel de Boston à la fin du XIXᵉ siècle, le square est dominé par deux chefs-d'œuvre d'architecture, à savoir la Henry Hobson Richardson's Trinity Church et la Charles McKim's Boston Public Library.

Construite en 1877, la **Trinity Church** ★★★ *(206 Clarendon Street, ☎ 536-0944)*, une église romane de style médiéval français, est tout aussi ahurissante de l'intérieur que de l'extérieur. Considérée comme une des plus brillantes créations de Richardson, elle comporte une énorme tour rappelant les dômes de Venise et de Constantinople. À l'intérieur, des couleurs d'une grande richesse et des détails mauresques absolument exquis recouvrent le plafond voûté, la rotonde et les murs de l'enceinte. On peut également y admirer des fresques de John LaFarge et de magnifiques vitraux.

Beaucoup plus qu'une simple bibliothèque, la **Boston Public Library** ★ *(666 Boylston Street, ☎ 536-5400)* est pour sa part une véritable mine de trésors artistiques et architecturaux.

Inspirée des grands palais de la Renaissance italienne, elle fut érigée en 1895, et son majestueux hall d'entrée (accessible par la porte latérale) révèle un large escalier de marbre, des colonnes corinthiennes ainsi que des fresques. À l'intérieur même de la construction, vous découvrirez des murales de John Singer Sargent, des toiles de John Singleton Copley, des sculptures d'Augustus et de Louis Saint-Gaudens, et des portes de bronze signées Daniel Chester French. Prenez le temps de faire une pause dans l'agréable cour centrale, où vous trouverez des bancs et une fontaine. Un projet de restauration et de rénovation des lieux, au coût de 50 millions de dollars, est actuellement en cours, mais la bibliothèque n'en demeure pas moins ouverte au public.

La «grande dame» des hôtels d'époque de Boston est le **Copley Plaza Hotel** *(138 Saint James Avenue, ☎ 267-5300)*, construit en 1912 dans le plus grand style victorien. Il se pare d'une large façade de pierres dont le centre incurvé fait écho aux maisons arquées de Back Bay et de Beacon Hill. Des garnitures de marbre et de cristal agrémentent l'élégant hall d'entrée, en outre surmonté d'une représentation du ciel en trompe-l'œil. De renommée internationale, le Copley Plaza a vu dormir en ses murs une douzaine de présidents américains et plusieurs membres des familles royales européennes.

Tout comme le Hancock, le **Skywalk Observatory ★★** de la Prudential Tower *(droits d'entrée; 800 Boylston Street, Prudential Center, ☎ 236-3318)* vous donne une vue en plongée sur le centre-ville, mais de 360° cette fois. Communément appelé *The Pru*, le Prudential Center a été érigé au début des années soixante et constitue un autre exemple du renouveau urbain. Siège de nombreux bureaux et magasins, il présente une devanture qui s'agrémente d'une statue de bronze coulé, intitulée *Quest Eternal* (l'éternelle quête), à l'image d'un homme cherchant à atteindre les cieux.

Le bâtiment qui se dresse au **314 Commonwealth Avenue** est un manoir construit en 1899 sur le modèle d'un château de la Loire. Son extérieur d'apparence médiévale est agrémenté de chérubins de pierre sculptés et de gargouilles inclinées à ses créneaux. À l'intérieur, vous vous émerveillerez devant le spectacle qu'offrent les bas-reliefs de ses murs d'acajou, ses plafonds moulés recouverts de feuilles d'or, ses vitraux et son escalier de marbre richement sculpté.

Mais aucune résidence victorienne de Back Bay n'affiche plus d'opulence que la **Gibson House** *(droits d'entrée; 137 Beacon Street, ☎ 267-6338)*, aujourd'hui transformée en musée. Érigée par l'éminente famille Gibson en 1859, cette maison

Renaissance italienne est richement décorée de papiers peints gaufrés d'or, de panneaux de noyer noir, de tapis importés et de presque toute la porcelaine des Gibson.

Marlborough Street est la modeste cousine de Commonwealth Avenue, en ce qu'aucune allée piétonnière ne court en son centre. Cette rue résidentielle semble toutefois plus «vivante» que sa doyenne; vous y verrez, entre autres, des voitures d'enfants et des bicyclettes attachées aux clôtures en fer forgé qui bordent les jardins fleuris minuscules et soigneusement tenus dont s'entourent les magnolias. Les deux meilleurs moments pour arpenter Marlborough Street : les soirs d'hiver enneigés et les claires matinées de printemps, lorsque les magnolias sont en fleurs.

L'**Institute of Contemporary Art** ★ *(droits d'entrée; 955 Boylston Street,* ☎ *266-5152)* a acquis une réputation internationale grâce aux événements artistiques très variés qui s'y sont déroulés depuis plus d'un demi-siècle. Aménagé à l'intérieur d'une ancienne caserne de pompiers, l'ICA présente régulièrement des œuvres expérimentales ou controversées, qu'il s'agisse de peintures, de sculptures, de films, d'enregistrements magnétoscopiques, de concerts, de récitals, de conférences ou de lectures à caractère littéraire.

La **Fire Station Number 33** partage un magnifique bâtiment ancien avec l'ICA. En entrant ou en sortant de l'ICA, prenez bien votre temps pour observer à souhait le contraste frappant qui existe entre les sapeurs-pompiers, passant de longues heures à se détendre devant leur moitié de l'édifice, et le personnel très branché qui travaille à l'ICA, sans parler de la foule qui y met les pieds.

Le **John B. Hynes Veteran Memorial Convention Center** *(900 Boylston Street,* ☎ *954-2000)*, un important centre de congrès, a été reconstruit en grande partie et rénové à grands frais vers la fin des années quatre-vingt.

★ Fenway ★★★

La partie occidentale de Massachusetts Avenue bifurque vers le Fenway, c'est-à-dire le quartier des environs du **Back Bay Fens (90)**, une autre pièce de l'Emerald Necklace. Le mot *fens*, du vieil anglais, signifie «terres basses et marécageuses» et décrit très bien le secteur. Tout au long de ce parc informe se trouvent plusieurs étangs et petits cours d'eau, de même qu'un jardin de roses et des potagers privés, vestiges des «jardins de la Victoire» du temps de la guerre.

Qui dit Fenway dit également **Fenway Park** ★ *(24 Yawkey Way,* ☎ *267-1700)*, le stade de baseball des Red Sox de Boston, fameux pour son mur du champ gauche, baptisé le «monstre vert». Il s'agit d'un des rares stades de baseball des États-Unis où règne encore l'atmosphère chaleureuse du bon vieux temps. Construit en 1912, il abrite en outre un des très rares terrains de baseball encore gazonnés. Pour le cas où vous vous poseriez la question, le «monstre vert» sert à protéger le terrain de jeu du Massachusetts Turnpike, et vice versa. Les matchs des Red Sox sont présentés du mois d'avril au mois d'octobre.

Deux campus universitaires bien connus se trouvent également dans le quartier du Fenway : celui de la **Boston University**, sur l'avenue du Commonwealth, et celui de la **Northeastern University**, au sud de Huntington Avenue.

Du Kenmore Square, vous pouvez en outre apercevoir le panneau publicitaire rouge, blanc et bleu, et abondamment éclairé, de **Citgo**, dernière de six reliques d'une réclame de gazoline des années cinquante.

L'Isabella Stewart Gardner Museum ★★★ *(droits d'entrée; 280 The Fenway,* ☎ *566-1401)*, logé dans un palais de style vénitien du XVe siècle, est un véritable petit bijou. Il renferme la collection personnelle de Mme Isabella Stewart Gardner, constituée au cours d'une vie entière de voyages à travers l'Europe. Considérée comme excentrique et outrancière par les Bostoniens de bonne famille, *Mrs. Jack*, ainsi qu'on vint à la surnommer, collectionnait ce qui lui plaisait; et son trésor inclut tout aussi bien des peintures de la Renaissance italienne, du XVIIe siècle hollandais ou du XIXe siècle américain que des sculptures, des étoffes, des meubles, des céramiques, des lithographies et des croquis divers. Construit autour d'une magnifique cour intérieure fleurie, le musée présente aussi des concerts hebdomadaires de musique de chambre.

Non loin de là se trouve le **Museum of Fine Arts** ★★★ *(droits d'entrée; 465 Huntington Avenue,* ☎ *267-9300)*, reconnu mondialement pour ses collections exceptionnelles d'art asiatique, grec, romain, européen, égyptien et américain. Le MFA possède également des toiles impressionnistes et des œuvres de maîtres américains, comme John Singer Sargent, John Singleton Copley et Winslow Homer. Il accueille en outre, de façon régulière, des expositions itinérantes de grande envergure, comme celles de Monet et de Renoir. Ne ratez pas non plus les jardins japonais et le petit bistro du rez-de-chaussée.

★ South End

Le plus vaste quartier de Boston, le South End en est aussi le plus méconnu. Tout comme Back Bay, et plus de 10 ans avant lui, il s'est bâti sur des terres d'assèchement. Rue après rue, on y a construit des maisons victoriennes en brique accollées les unes aux autres, destinées à servir de résidences à la classe moyenne et aux familles plus fortunées. De nos jours, le quartier tout entier figure au registre national des monuments historiques comme la plus importante concentration aux États-Unis de maisons victoriennes en brique.

À la suite de la grande panique de 1873, les banques y saisirent de nombreuses propriétés hypothéquées, et ceux qui pouvaient se le permettre s'empressèrent de déménager à Back Bay. Le secteur fut alors morcelé, et l'on vit apparaître de nombreuses usines et maisons de chambres qui en firent un véritable ghetto d'immigrants de plus de 40 nationalités différentes, notamment de Noirs, de Syriens, d'Hispano-Américains et de Libanais.

Le South End se languit alors pendant plusieurs décennies, jusqu'à ce que l'économie de Boston se relève au cours des années soixante. Depuis 1965, un nouvel afflux de professionnels de la classe moyenne a en effet permis la réfection d'un grand nombre de maisons de ce quartier, de même qu'un ennoblissement partiel du secteur. Mais il serait faux de dire que l'ensemble du South End s'est relevé avec l'économie, car il existe encore des sections malfamées et peu sûres. Il n'en reste pas moins que le quartier est devenu un centre vital pour les arts, et plusieurs artistes y ont élu domicile. Ses principales artères, Columbus Avenue et Tremont Street, sont par ailleurs bordées de magasins, de restaurants et de boîtes de nuit à la mode.

Le South End s'étend littéralement sur des centaines de pâtés de maisons et est limité, à peu de chose près, par le Southeast Expressway, la rue Herald, les voies ferrées de la ligne Orange du MBTA et l'avenue Huntington. Malgré sa superficie relativement vaste pour être explorée à pied, la **South End Historical Society** *(532 Massachusetts Avenue, ☎ 536-4445)* organise, chaque année, des visites guidées de ses demeures.

Ne soyez pas étonné si le South End vous rappelle Beacon Hill. Les mêmes jardins dissimulés et les mêmes grillages de fer noir ornent en effet de nombreuses façades. Quant à la **Union Park**, avec sa forme ovale, il ressemble tout à fait au Louisbourg Square de Beacon Hill. Un autre square, celui-là exclusif au South End, est le **West Rutland Square**, petit mais joliment paysagé.

Le **Boston Center for the Arts** *(539 Tremont Street, ☎ 426-5000)*, aussi connu sous le nom de Cyclorama, est au centre des activités artistiques du quartier. Il a été érigé en 1884 dans le but d'exposer une gigantesque peinture circulaire, *La Bataille de Gettysburg* (qui se trouve désormais en Pennsylvanie). C'est en outre à l'intérieur de ses murs qu'Albert Champion a développé la bougie du moteur d'automobile. On utilise sa grande rotonde pour y présenter des expositions d'art, des pièces de théâtre, des festivals et un salon annuel de l'antiquité.

À la porte voisine se trouve la **Mills Gallery** *(549 Tremont Street, ☎ 426-7700)*, qui se spécialise dans les œuvres des artistes locaux, incluant aussi bien des sculptures que des huiles sur toile ou des gouaches, toutes plus intrigantes les unes que les autres.

Deux bâtiments en brique fort élégants se font face de part et d'autre de l'avenue Massachusetts, à l'angle de l'avenue Huntington : le **Symphony Hall** *(301 Massachusetts Avenue, ☎ 266-1492)* et le **Horticultural Hall** *(300 Massachusetts Avenue, ☎ 536-9280)*. Conçu en 1900, le Symphony Hall bénéficie d'une acoustique si parfaite qu'on le qualifie partout dans le monde de «Stradivarius des salles de concerts»; c'est ici que le Boston Symphony Orchestra a célébré son centenaire en 1981. Quant au Horticultural Hall, il est le troisième siège de la Massachusetts Horticultural Society, la plus ancienne société du genre en Amérique, fondée en 1829. On y trouve la plus importante, mais aussi la meilleure bibliothèque horticole qui soit. Cette structure de style Beaux-Arts, datant de 1901, se pare de corniches en calcaire et en terre cuite, ainsi que de moulures abondamment ornées de fruits et de guirlandes sculptées.

La **First Church of Christ, Scientist** ★★ *(175 Huntington Avenue, ☎ 450-2000)* est le siège mondial de l'Église de la science chrétienne, fondée en 1879 par Mary Baker Eddy. L'église mère, située sur une place piétonne revêtue de briques, est surmontée d'un dôme imposant qui se reflète dans un bassin dessiné par I.M. Pei. À l'intérieur du pavillon où l'on publie le *Christian Science Monitor*, vous pouvez en outre emprunter la passerelle qui traverse la chambre d'écho du **Mapparium**, un globe terrestre en verre teinté de 9 m de diamètre où le monde vous apparaîtra tel qu'il était en 1935.

Autrefois surpassé par le seul Capitole des États-Unis pour ce qui est de sa taille, le bâtiment qui abritait la **Chickering Piano Factory** *(791 Tremont Street)* et qu'occupe aujourd'hui une guilde d'artisans a été l'un des grands points de mire de Boston depuis 1853. Les pianos qu'on fabriquait ici jusqu'en 1929 n'ont pas fait le bonheur que des salons victoriens, mais aussi celui des salles de concerts européennes et sud-américaines. Quant au fondateur de l'usine, Jonas Chickering, on le disait à l'image de ses pianos, *«droit, franc et magnifique»*. Les artistes et musiciens d'une guilde locale y vivent, y travaillent et y présentent maintenant leurs œuvres.

À l'extrémité nord-est du South End, encadré par les rues Arlington, Tremont et Stuart, de même que par Charles Street South, vous trouverez le **Bay Village**, jadis connu sous le nom de South Cove. Cet enchevêtrement de rues petites et étroites s'imprègne d'un charme vieillot à nul autre comparable dans la région. Des réverbères à gaz en éclairent les trottoirs bordés de maisons victoriennes en rangées, parées de boîtes à fleurs et de persiennes noires, de portes grillagées de fer forgé, et de jardins dissimulés, en contrebas des cours arrière.

South Boston

South Boston se trouve immédiatement à l'est du South End, et il faut se garder de les confondre. Malgré son nom, qui le place au sud de la ville, ce secteur, coupé de Boston proprement dit par le Southeast Expressway et le Fort Point Channel, avance davantage dans l'Atlantique, donc vers l'est, que tout autre point de la région. Tous les résidants lui donnent le nom de *Southie*, et plus particulièrement les Irlandais qui y ont élu domicile.

Les Irlandais ont commencé à affluer vers ce secteur au début du XIXe siècle, attirés par les possibilités d'emploi offertes par les industries du verre et du fer, ainsi que par le commerce maritime. Puis ils sont restés, si bien qu'on y trouve aujourd'hui la plus forte communauté irlandaise de toute la région de Boston, ainsi qu'en témoignent d'ailleurs les festivités tapageuses qui entourent le défilé de la Saint-Patrick. Mentionnons également la fierté triomphante qu'ils tirent de leur L Street Brownies, un club de natation local où l'on se baigne tous les jours, y compris en janvier, ce qui lui a valu une certaine réputation à l'échelle nationale.

Bénéficiant d'une position idéale pour la navigation, la péninsule est truffée de quais destinés à la pêche commerciale et à l'industrie maritime. Les **Fish Piers**, à proximité du World Trade Center, et le Jimmy's Harborside, sur Northern Avenue, sont d'ailleurs grouillants d'activités dès les premières lueurs de l'aube, alors que les chalutiers rentrent au port pour y décharger leurs prises. Le poisson frais est immédiatement vendu sur place aux plus offrants parmi les détaillants venus s'approvisionner.

Trois ponts relient South Boston au centre-ville : le Summer Street Bridge, le Northern Avenue Bridge et le Congress Street Bridge, avec ses lampadaires de fer forgé à l'image des lanternes chinoises.

En traversant le pont de la rue Congress, vous n'en croirez probablement pas vos yeux, mais la première chose que vous verrez sera la bouteille de lait géante (10 m) qui sert d'enseigne au **Hood Milk Bottle**, un casse-croûte qui remonte aux années trente et qui continue toujours à servir des repas.

Cet emplacement marque le début du **Museum Wharf ★**, sorte de minicomplexe regroupant différents musées. Le Children's Museum (musée des enfants) et le Computer Museum (musée de l'ordinateur) logent tous deux dans un même bâtiment de briques, un ancien entrepôt de laine dont les larges fenêtres et les travées se prêtaient on ne peut mieux à la création d'espaces d'exposition.

Vous n'avez pas besoin d'être un enfant pour apprécier le **Children's Museum ★★** *(droits d'entrée; 300 Congress Street, ☎ 426-6500)*, une gigantesque boîte à jouets remplie de surprises sur quatre étages. Par exemple, vous pourrez tout aussi bien y faire des bulles géantes que jouer d'un instrument dans un groupe rock ou apprendre l'anatomie d'un squelette en haut-de-forme. Son exposition sur le multiculturalisme fut par ailleurs la toute première du genre.

Seul musée du monde entièrement voué aux ordinateurs, le **Computer Museum ★** *(droits d'entrée; 300 Congress Street, ☎ 426-2800)* illustre fort bien l'évolution rapide de la technologie propre à ce domaine. On vous y présente 40 ans d'histoire, à commencer par un ancien ordinateur à lampes des Forces de l'Armée de l'air qui occupait un bâtiment de quatre étages. Vous y verrez également des robots, des films d'animation et une foule d'ordinateurs avec lesquels vous pourrez vous amuser à votre guise. Si vous désirez savoir comment fonctionnent les ordinateurs, offrez-vous une promenade à l'intérieur de l'«ordinateur géant», avec son clavier de 8 m et sa souris de la taille d'un pare-chocs de voiture. Une des salles d'exposition est consacrée à l'art contemporain et aux artistes qui font appel aux ordinateurs à une étape ou à une autre de leur démarche créative.

La dernière attraction du Museum Wharf est le **Boston Tea Party Museum** *(droit d'entrée; Congress Street Bridge, ☎ 338-1773)*, un musée flottant où vous pouvez monter à bord d'un deux-mâts et jeter vous-même à la mer une caisse de thé (qui sera ensuite remontée à l'aide d'une corde pour qu'un autre visiteur puisse faire de même). On y explique en effet, de façon vivante et instructive, les événements qui entourèrent le largage de 340 caisses de thé dans le port de Boston en 1773, un geste de protestation antitaxation qui contribua, avec plusieurs autres mouvements de révolte, à provoquer la guerre d'Indépendance.

Le **World Trade Center** *(164 Northern Avenue, ☎ 439-5000)*, une construction d'un blanc éclatant située au bout d'un boulevard bordé de drapeaux, est venu remplacer l'ancien Commonwealth Exhibition Hall, beaucoup plus terne, au cours des années quatre-vingt. Plusieurs des grands salons annuels de Boston se déroulent ici, y compris le Boston Boat Show (salon nautique).

Quatre variétés de granit et un moulage de la *Cybèle* de Rodin ornent l'extérieur du **Boston Design Center** *(1 Design Center Place, ☎ 338-5062)*, le plus important centre du genre en Nouvelle-Angleterre. Architectes et décorateurs viennent souvent de très loin pour y étudier les plus récents développements et le tout dernier cri de la mode en matière d'aménagement intérieur.

Une grande partie du Fort Point Channel s'est vu déserter par les industries au cours des années cinquante, par vagues successives. Plusieurs artistes en ont profité pour s'installer dans les vieux entrepôts à plafonds hauts; de nos jours, ils sont plus nombreux à vivre ici que dans tout autre secteur de la ville.

La **Fort Point Artists' Community Gallery** *(249 A Street, ☎ 423-4299)* vous permet d'ailleurs d'admirer les œuvres des peintres, photographes, sculpteurs et autres artistes de la région. Vous avez également la possibilité de visiter les studios individuels des artistes; il vous suffira de prendre rendez-vous avec eux lorsque vous les croiserez au fil des quelque 200 ou 300 immeubles qui longent A Street.

Le **Dorchester Heights National Historic Site** *(456 West 4th Street, ☎ 242-5642)* marque l'endroit où George Washington disposa ses canons dans le but de contraindre les Anglais à évacuer Boston une fois pour toutes en 1776. Les forces britanniques ne manquèrent d'ailleurs pas d'être fortement impressionnées par cet étalage de canons, qui avaient été transportés en chars à bœufs depuis Fort Ticonderoga, à près de 500 km de là! Une tour de marbre de 65 m se dresse aujourd'hui à l'emplacement des fortifications.

À l'extrême pointe de South Boston, **Castle Island** *(End of Day Boulevard)* se présente comme une île balayée par les vents dont les vertes pelouses et les hauts remparts de granit en font un excellent endroit pour pratiquer l'exploration ou pique-niquer. Depuis 1634, huit forteresses se sont succédé ici, ce qui en fait le site continuellement fortifié depuis le plus longtemps en Amérique du Nord. Pendant la guerre d'Indépendance, l'île fut occupée par les Anglais jusqu'à ce que, de son promontoire de Dorchester Heights, George Washington les force à quitter les lieux. Le fort actuel, **Fort Independence**, date de 1851 et a la forme d'une étoile.

Sur une péninsule située tout juste au sud de South Boston se trouve Dorchester, jadis la base du plus ancien fabricant de chocolat des États-Unis, la Walter Baker Chocolate Factory, fondée en 1780. De nos jours, Dorchester est un quartier résidentiel paisible, connu pour ses maisons caractéristiques à trois étages, qu'on appelle ici *triple deckers*.

Ne ratez surtout pas le **John F. Kennedy Library and Museum** ★★★ *(droits d'entrée; Columbia Point, Dorchester, ☎ 929-4523)*, un endroit passionnant à visiter aussi bien de l'extérieur que de l'intérieur. Entouré d'un jardin en bordure de l'océan qu'affectionnait particulièrement le célèbre président des États-Unis, le musée aux impressionnants murs de verre a été conçu par I.M. Pei. Vous y trouverez des papiers, des photographies, des lettres, des discours et plusieurs effets personnels de JFK, y compris sa table de travail et son fauteuil à bascule. Les papiers d'Ernest Hemingway sont également gardés ici, et vous pouvez les voir sur rendez-vous.

Le **Franklin Park Zoo** *(droits d'entrée; 1 Franklin Park, Roxbury, ☎ 442-4896)*, jadis sur la liste des 10 plus mauvais zoos des États-Unis selon la revue *Parade*, a depuis amélioré ses installations de façon radicale. La plus impressionnante addition est sans contredit la «forêt tropicale africaine», ouverte en 1989, une sorte de bulle de 23 m de hauteur à l'intérieur de laquelle vivent, entre autres habitants de ce type de région, des oiseaux tropicaux, des antilopes, un hippopotame nain et des gorilles.

Environs de Boston

■ Charlestown ★

Les origines de Charlestown remontent presque aussi loin que celles de Boston. Fondée en 1629 par un petit groupe de puritains, la bourgade fut par la suite abandonnée au profit de Boston. Pratiquement rasée par les Anglais au cours de la bataille de Bunker Hill, elle a conservé très peu de ses maisons du XVIIIe siècle.

En traversant la rivière Charles à pied, sur le Charlestown Bridge, vous arrivez au chantier naval (Navy Yard) de Charlestown, le port d'attache de l'*U.S.S. Constitution* ★★ *(droits d'entrée; ☎ 242-5670)*, qui est le plus ancien vaisseau commissionné du monde. Son surnom d'*Old Ironsides* (flancs d'acier) date de l'époque où les tirs de canon des forces britanniques se heurtèrent sans succès à sa coque de chêne dur au cours de la guerre de 1812. Il s'agit d'une jolie frégate toute de noir et de blanc vêtue qui devait autrefois embarquer 400 matelots pour manœuvrer ses voiles. Vous pouvez visiter la cale et faire le tour des ponts, mais il y a toujours une longue file d'attente; peut-être aurez-vous plus de chance à l'heure du déjeuner.

De l'autre côté du chantier se trouve le **Constitution Museum** *(droits d'entrée; Charlestown Navy Yard, Building 22, ☎ 426-1812)*, qui retrace les nombreux voyages et victoires de l'*Old Ironsides* au moyen de tableaux et d'objets divers. Tout près de là, vous pouvez également voir la **Commandant's House**, un joli manoir de briques de style fédéral où logeaient les officiers de la marine d'État.

Le **Bunker Hill Monument** *(43 Monument Square, ☎ 242-5641)* est en fait situé sur Breed's Hill, où la bataille de Bunker Hill a réellement eu lieu. Cet affrontement devint légendaire à la suite des ordres que le colonel William Prescott donna à ses troupes en manque de munitions : «*Ne tirez que lorsque vous pourrez voir le blanc des yeux de votre adversaire.*» La première pierre de l'obélisque de granit de style néo-égyptien, haut de 67 m, fut posée en 1825 par le général Lafayette, alors que le discours inaugural était prononcé par Daniel Webster. Un escalier de 294 marches conduit à l'observatoire, d'où vous aurez une vue magnifique sur la ville et son port.

Environs de Boston

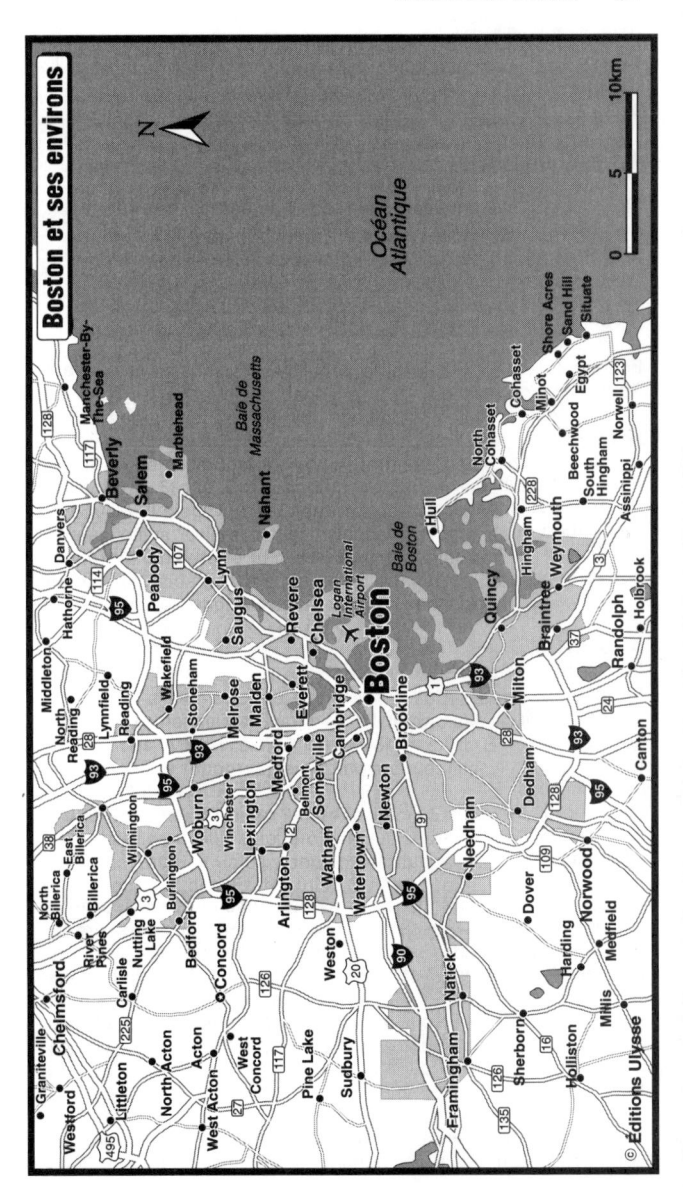

Boston et ses environs

98 Attraits touristiques

Le **Bunker Hill Pavilion** *(droits d'entrée; 55 Constitution Road,* ☎ *241-7575)* complète la tournée en reconstituant la bataille par une projection multimédia sur 14 écrans simultanés.

■ Cambridge ★★★

On associe généralement Cambridge à Boston, et vice versa, comme s'il s'agissait des deux faces d'une même pièce. De fait, bien que Cambridge soit en réalité une ville distincte, les destinées des deux cités sont étroitement liées, d'autant plus qu'une série de ponts pour piétons et véhicules de transport favorisent grandement les échanges entre elles.

Fondée en 1630, Cambridge portait à l'origine le nom de New Towne et fut la première capitale de la colonie. Ce n'est qu'en 1638, deux ans après la fondation de l'**Université Harvard ★★★**, la plus ancienne université des États-Unis, qu'on décida de rebaptiser le bourg du nom de la ville universitaire anglaise, où plusieurs des premiers habitants de Boston avaient reçu leur éducation. L'autre grand centre d'érudition de la ville, le Massachusetts Institute of Technology (MIT), contraste grandement avec les constructions en brique couvertes de lierre de l'Université Harvard et a été déplacé de l'autre côté de la rivière, en face de Boston, en 1916.

Aujourd'hui, Cambridge demeure toujours un important centre intellectuel, et plusieurs Prix Nobel, des hommes de science à l'origine de découvertes importantes et des écrivains célèbres y ont élu domicile, parmi lesquels John Kenneth Galbraith, David Mamet et Anne Bernays. Il s'agit d'un véritable paradis pour les amants de la lecture puisqu'on dénombre 25 librairies dans les seuls environs du Harvard Square (voir l'encadré «Les librairies de Boston», p 184). Cambridge continue par ailleurs d'entretenir sa réputation de centre d'activisme politique progressiste.

Cambridge est en outre le cœur même de ce que l'on appelle la «Silicon Valley de la Côte Est», depuis que plusieurs firmes vouées à la technologie de pointe y ont été établies au cours des années soixante et soixante-dix, de même que dans plusieurs autres petites villes des environs, éparpillées le long de la route 128. Tous ces groupes d'experts et ces entreprises en informatique ont d'ailleurs grandement contribué à l'essor de l'économie et à l'augmentation de la population du Massachusetts.

Ville universitaire peu après sa fondation en 1630, et site du seul établissement d'enseignement supérieur en Amérique

Le vieux Cambridge

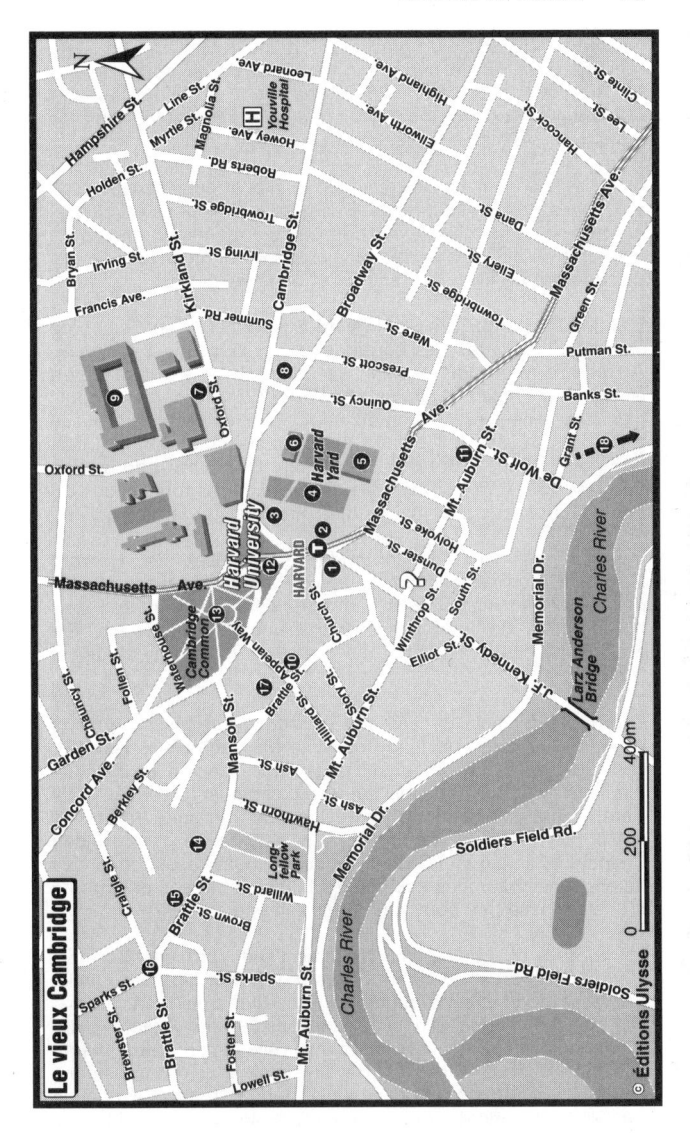

Environs de Boston 99

jusqu'au XVIIIe siècle ou presque, Cambridge demeure un siège réputé du savoir de par le monde. Près de la moitié de ses 95 000 habitants sont reliés d'une façon ou d'une autre à l'Université Harvard, au MIT ou aux autres institutions de moindre envergure qui parsèment la ville.

Mais Cambridge n'est pas réservée qu'aux affaires sérieuses ou aux poursuites intellectuelles. Des hordes de jeunes étudiants, de protestataires distribuant des tracts à qui mieux mieux, de membres de diverses sectes religieuses et de musiciens de rue se chargent en effet de l'animer et de la vivifier.

L'action est centralisée au **Harvard Square (1)**, où pullulent les librairies, les bistros, les boutiques et les kiosques à journaux. Au centre même de la place, le comptoir de l'**Out of Town News and Ticket Agency** (☎ *354-7777*), reconnu depuis plusieurs années comme un élément clé de ce secteur, propose à ses clients des milliers de périodiques nationaux et internationaux. Tout à côté, le **Cambridge Discovery Information Booth**(☎ *497-1630*) diffuse des renseignements touristiques et des plans conçus pour ceux qui désirent visiter la ville à pied.

Personne ne vient à Cambridge sans visiter le **Harvard Yard ★★**, dont les chemins sinueux, les arbres majestueux, les pelouses et les magnifiques bâtiments de briques rendent tous hommage à un long passé d'enseignement supérieur. Six présidents des États-Unis ont d'ailleurs fait leurs études à Harvard.

L'entrée principale du campus se trouve sur Massachusetts Avenue. À votre droite se dresse le **Massachusetts Hall (2)**, construit en 1718 et constituant le plus ancien pavillon de l'université. Dans la cour du vieux campus historique (Old Yard), vous trouverez à votre gauche, enfoncé entre les pavillons Hollis et Stoughton, un petit bijou : la **Holden Chapel (3)**, érigée en 1742, avec ses pignons bleus, encerclés de corniches baroques aux volutes blanches, et ses ornements d'une richesse peu commune pour son époque.

En bordure du chemin qui traverse l'Old Yard en diagonale s'élève la **statue de John Harvard (4)**, réalisée par Daniel Chester French et surnommée la statue «des trois mensonges». Car non seulement elle ne donne pas la date exacte de la fondation de l'Université Harvard, mais elle ne représente même pas John Harvard! C'est en effet un simple étudiant qui a servi de modèle à l'artiste; et qui plus est, John Harvard n'est pas le fondateur de l'institution, mais son premier grand bienfaiteur.

La **Widener Library (5)** se trouve sur le New Yard. Il s'agit d'une construction massive dotée d'un portique à colonnes et d'un large escalier; elle renferme près de trois millions de livres et se classe au troisième rang des bibliothèques d'Amérique, derrière la Library of Congress et la New York Public Library.

En face de la bibliothèque, vous verrez la **Memorial Chapel (6)**, qui date de 1931, et que surmonte un clocher de style Bulfinch, érigé à la mémoire des étudiants de l'Université Harvard morts sur le champ d'honneur au cours de la Première Guerre mondiale. Leurs noms y sont gravés dans l'étain.

L'Université Harvard est également le site d'une foule de musées connus de par le monde pour leurs collections hétéroclites, parmi lesquels trois musées d'art (☎ 495-9400, valable pour les trois). Le **Busch-Reisinger Museum (7)** (droits d'entrée; 32 Quincy Street) est réputé pour ses pièces du centre et du nord de l'Europe datant du Moyen Âge jusqu'à nos jours. Le **Fogg Art Museum** ★ (droits d'entrée; 32 Quincy Street) abrite des œuvres européennes et américaines, et possède une importante collection de toiles impressionnistes. Quant au **Sackler Museum (8)** (droits d'entrée; 485 Broadway, à l'angle de Quincy Street), il se spécialise dans les arts anciens, asiatiques et islamiques.

L'**University Museum (9)** ★ (droits d'entrée; 26 Oxford Street, ☎ 495-3045) regroupe, pour sa part, quatre musées d'histoire naturelle en un. Le **Botanical Museum** abrite les fameuses Glass Flowers (fleurs de verre), confectionnées à la main et représentant plus de 700 espèces différentes. Au **Museum of Comparative Zoology**, on retrace l'évolution de la vie animale, depuis les fossiles jusqu'à l'homme moderne. Le **Mineralogical and Geological Museum** détient une collection de pierres et minéraux dont une topaze de 3 040 carats. Le **Peabody Museum of Archæology** ★ présente des objets archéologiques de toutes provenances, y compris des vestiges des civilisations maya et amérindienne.

> À l'ombre du grand châtaignier
> Se tient le forgeron du village;
> Puissant gaillard que cet ouvrier,
> Avec ses mains noueuses et larges.

Ces vers tirés du célèbre poème de Longfellow intitulé The Village Blacksmith nous parlent d'un véritable forgeron ayant vécu au 56 Brattle Street, dans une maison construite en 1811, qui est aujourd'hui devenue la **Blacksmith House Bakery** (☎ 354-3036), une boulangerie-pâtisserie qui exploite également un café-terrasse au cours de la belle saison. On y prépare des gâteaux et des friandises du Vieux Continent selon une tradition vieille de plusieurs décennies.

Le **Harvard Lampoon Castle (11)** *(57 Mount Auburn Street, à l'angle de Bow Street)* est un bâtiment d'allure plutôt singulière, avec une tourelle de briques ronde et une porte jaune, violet et rouge vif; ce qui sied parfaitement bien à ses occupants, en l'occurrence les éditeurs du *Harvard Lampoon*, la revue satirique de l'Université Harvard, publiée avec succès depuis nombre d'années.

La **Christ Church Episcopal (12)** *(0 Garden Street, ☎ 876-0200)*, qui se présente comme une simple construction grise et blanche surmontée d'un clocher rabougri, est la plus vieille église de Cambridge. C'est ici que George et Martha Washington ont célébré le Nouvel An en 1775.

Sous un orme du vert **Cambridge Common (13)** *(angle Massachusetts Avenue et Garden Street)*, le général Washington a par ailleurs pris le commandement de l'armée continentale en 1775. Une plaque et un monument en son honneur marquent l'endroit. Tout près se trouvent également trois vieux canons noirs, abandonnés par les Anglais à Fort Independence, au moment d'évacuer les lieux en 1776.

Le **Longfellow National Historic Site (14)** *(droits d'entrée; 105 Brattle Street, ☎ 876-4491)* a servi de résidence au poète Henry Wadsworth Longfellow pendant 45 ans, et c'est ici qu'il a écrit la plupart de ses célèbres œuvres. La maison peinte d'un jaune gai et découpée de volets noirs a été construite en 1759 pour le compte d'un conservateur fortuné et abrita plus tard le quartier général de Washington pendant le siège de Boston. Plusieurs vestiges de l'époque victorienne s'y trouvent encore, dont la table de travail, la plume d'oie et l'encrier de Longfellow.

La **Hooper-Lee-Nichols House (15)** *(droits d'entrée; 159 Brattle Street, ☎ 547-4252)*, une magnifique maison géorgienne bleu ardoise, fut érigée pour un médecin du nom de Richard Hooper avant d'être habitée plus tard par Joseph Lee, le fondateur de l'Église du Christ (Christ Church), puis par George Nichols.

L'extrémité ouest de la rue Brattle a été baptisée **Tory Row (16)** en raison des charmantes demeures que les riches conservateurs y ont fait construire au XVIIIe siècle. Un excellent exemple s'en trouve au n° 175, la **Ruggles Fayerweather House**, d'abord la résidence du conservateur George Ruggles, puis du patriote Thomas Fayerweather. La maison servit en outre d'hôpital aux coloniaux après la bataille de Bunker Hill.

Un peu plus loin se trouve le **Radcliffe College (17)**, autrefois une filiale féminine de l'Université Harvard, qui fait aujourd'hui partie intégrante de l'institution. L'entrée du campus (**Radcliffe Yard**) se situe sur Brattle Street, entre James Street et Appian Way, et, si vous avancez sur le chemin, les quatre principaux bâtiments de briques de l'établissement, d'ailleurs fort élégants, formeront un demi-cercle à votre droite. Le premier est connu sous le nom de **Fay House**, un manoir construit en 1807 qui loge les bureaux de l'administration. Puis vient le **Hemenway Gymnasium**, siège d'une société de recherche qui étudie la question féminine au sein de la civilisation. Il y a ensuite l'**Agassiz House**, dont la façade se pare de colonnes classiques blanches et qui abrite un théâtre, une salle de bal et le bureau de la faculté des arts. La dernière construction est celle de la réputée **Schlesinger Library**, qui renferme une collection remarquable d'ouvrages et manuscrits sur l'histoire des femmes en Amérique, y compris des textes de Susan B. Anthony, Julia Ward Howe et Elizabeth Cady Stanton.

Pourquoi un déplacement en métro devrait-il être triste et morne? Les nouvelles stations de la ligne Rouge, ouvertes au cours des années quatre-vingt, présentent des œuvres magistrales dans le cadre du premier et du plus important programme du genre au pays : **Arts on the Line**. Parmi les travaux exposés : des vitraux, des sculptures de bronze, un moulin à vent rouge vif sculpté, un mobile chatoyant et une murale fantaisiste représentant un troupeau de vaches noires et blanches. Une des pièces favorites s'intitule *Lost Gloves*, une paire de gants immortalisés dans le bronze et posés en marge d'une rampe d'escalier mobile; les usagers ne peuvent s'empêcher d'étendre la main pour les toucher. En tout, une vingtaine d'œuvres sont présentées aux stations Harvard, Porter, Davis et Alewife.

À quelques kilomètres du Harvard Square se trouve l'autre grande institution de Cambridge, le **Massachusetts Institute of Technology (18)** ★. Offrant une éducation de tout premier choix en ingénierie et en sciences physiques depuis 1865, le MIT attire des étudiants du monde entier, y compris de la Chine, du Japon et du Vietnam. En contraste flagrant avec les sacro-saintes traditions de l'Université Harvard, les étudiants du MIT sont reconnus pour leur verve irrévérencieuse et vont même jusqu'à organiser des concours où ils cherchent à faire valoir publiquement leur supériorité intellectuelle sur leurs congénères. En guise d'exemple, un de leurs «défis» les a un jour conduits à mettre une voiture sur le toit d'un des bâtiments du campus! Fidèles à l'affectation de l'établissement, les lieux sont tout ce qu'il y a de plus moderne et *high-tech*, avec des bâtiments géométriques dessinés par Eero Saarinen.

■ La grande banlieue

Même si la plupart des touristes ne s'aventurent pas au-delà des limites de Boston et de Cambridge, nombre de localités avoisinantes présentent un intérêt marqué, dont plusieurs, outre qu'elles servent de villes-dortoirs à la population active de la région, possèdent également un riche passé colonial.

Complètement à l'est de la ville, en bordure du Fenway, **Brookline** est une des agglomérations résidentielles les plus riches et les plus prestigieuses des environs. Frederick Law Olmsted, l'architecte de l'Emerald Necklace de Boston, vivait et travaillait dans une petite maison d'un quartier paisible de cette localité, et il s'installait souvent dans un vallon paysager pour dresser ses plans. Vous pouvez d'ailleurs visiter la maison et le reste de la propriété, de même que voir des photographies, ses effets personnels et plusieurs de ses travaux, au **Frederick Law Olmsted National Historic Site** *(99 Warren Street, ☎ 566-1689)*.

C'est également à Brookline, en 1917, qu'est né le président John F. Kennedy, dans une petite maison à laquelle on a aujourd'hui redonné son apparence d'alors, au **John F. Kennedy National Historic Site** *(droits d'entrée; 83 Beals Street, ☎ 566-7937)*. Vous y trouverez plusieurs objets ayant entouré JFK, dont son berceau et quelques-uns de ses jouets.

Au sud de Brookline s'étend Jamaica Plain, qui fait techniquement partie de Boston. La merveille des lieux est l'**Arnold Arboretum de l'Université de Harvard** *(125 Arborway, ☎ 524-1718)*, une des pièces maîtresses du «collier d'émeraudes» (voir p 78). Cette réserve de 107 ha fut établie en 1872, et l'on y retrouve plus de 7 000 espèces de plantes et d'arbres du monde entier. L'arboretum abrite par ailleurs une des plus anciennes et aussi une des plus importantes collections de lilas en Amérique du Nord, des bonsaïs âgés de 200 ans et des espèces rares qui proviennent de la Chine. Un circuit de 3,25 km entraîne les visiteurs par monts et par vaux à travers prés et bosquets, leur offrant un cadre naturel et serein dans lequel ils peuvent contempler à leur aise ces collections tout à fait particulières.

Au sud-est de Dorchester, la ville ouvrière de **Quincy** peut, à première vue, sembler inintéressante, mais il se trouve qu'elle est la «ville des présidents», le deuxième et le sixième président des États-Unis y ayant vu le jour, à savoir John Adams et son fils John Quincy Adams. Vous y verrez plusieurs sites reliés à l'histoire de la famille Adams.

À l'**Adams National Historic Site** *(droits d'entrée; 135 Adams Street, au centre de Quincy,* ☎ *773-1177)* se dresse une élégante maison coloniale grise, datant de 1731, qui a logé quatre générations d'Adams. La propriété de plusieurs hectares est rehaussée de splendides jardins à la française et, en été comme en automne, le décor s'y enflamme de mille et une couleurs chatoyantes. La maison renferme encore plusieurs de ses ornements d'origine, y compris des portraits de George et Martha Washington, un candélabre en cristal de Waterford et des meubles Louis XV. Elle abrite également une bibliothèque à plafond aux poutres apparentes, regroupant 14 000 volumes dans leur version originale. Au fur et à mesure que la famille prospérait, John et sa femme Abigail, qui y aménagèrent en 1787, agrandirent peu à peu la maison, ajoutant ainsi 13 pièces aux 7 qu'elle comptait déjà. Le National Park Service organise d'excellentes visites des lieux.

Tout près de cette demeure, toujours sur le même site, vous pouvez aussi voir les **maisons natales de John Adams et de John Quincy Adams** *(droits d'entrée; 133 et 141 Franklin Street,* ☎ *773-1177)*, une paire de maisonnettes toutes simples, respectivement construites en 1663 et en 1681, où les deux présidents ont fait leur entrée en ce monde.

À l'est de l'Adams National Historic Site se trouve le **Quincy Homestead** *(droits d'entrée; 1010 Hancock Street,* ☎ *472-5117)*, où ont habité quatre générations d'Edmund Quincy, de la famille d'Abigail Adams. La fille du quatrième Edmund Quincy, Dorothy, épousa John Hancock, lui-même né à Quincy. Un jardin d'herbes aromatiques et des meubles de style colonial authentiquement d'époque rehaussent la demeure de 1686, et l'un des carrosses ayant appartenu à Hancock se trouve également sur les lieux.

L'**Adams Academy** *(8 Adams Street,* ☎ *773-1144)*, construite en 1872 dans le style néogothique, a été fondée par John Adams. Elle est aujourd'hui le siège de la **Quincy Historical Society**, et son exposition retrace l'histoire industrielle de la ville.

La **United First Parish Church** *(1306 Hancock Street)*, conçue par Alexander Parris et construite en 1828, se présente comme une magnifique église de granit dominant le Quincy Square, en plein centre de la ville. Sa crypte renferme les restes de John Adams et de John Quincy Adams, ainsi que de leur épouse respective.

Sur le trottoir d'en face se dresse le **City Hall** (hôtel de ville) de style néoclassique, conçu en 1844 par l'architecte Solomon

Willard de Bunker Hill. Vous trouverez également tout près le **Hancock Cemetery**, qui date des environs de 1640 et où est enterré le père de John Hancock, de même que les ancêtres des Quincy et des Adams.

Tout au long de la ceinture périphérique formée par la route 128, vous atteindrez plusieurs autres localités d'intérêt. **Framingham**, par exemple, un gros village urbanisé situé à une trentaine de kilomètres à l'ouest de Boston, vous offre un charmant havre de paix dans son «jardin boisé», ou **Garden in the Woods** *(droits d'entrée; Hemenway Road,* ☎ *508-877-7630)*, où pousse la plus importante collection de plantes du nord-est des États-Unis. Vous pourrez arpenter à votre aise les sentiers forestiers de ses 18 ha, plantés de quelque 1 500 espèces végétales et parsemés d'habitats recréés de toutes pièces pour en favoriser la croissance, comme des bocages sylvestres, un étang à nénuphars, une tourbière, un jardin de calcaire, des landes à pins et des prés.

À quelques kilomètres au nord de Framingham s'étendent les verts hameaux de **Sudbury** et de **Lincoln**, que leur caractère colonial et rural essentiellement préservé rend tout à fait charmants. Le **Longfellow's Wayside Inn** *(Wayside Inn Road, Sudbury,* ☎ *508-443-8846)*, tout juste en retrait de l'historique Old Post Road, vaut largement le déplacement, que ce soit pour y loger ou pour une simple visite. Construite autour de 1700, l'auberge a été rendue célèbre par la série de poèmes regroupés par Longfellow sous le titre *Tales of the Wayside Inn* et contenant entre autres le récit de la chevauchée de Paul Revere. Les bâtiments historiques qui se trouvent sur les lieux comprennent un moulin à blé du XVIIIe siècle et une petite école de briques rouges. Entièrement restauré en 1923, l'établissement renferme désormais une auberge et un restaurant en pleine activité.

Walter Gropius, le fondateur allemand de l'école d'art et d'architecture Bauhaus, avait une maison familiale sur les vertes et ondulantes collines de Lincoln, la première qu'il dessina en arrivant aux États-Unis, en 1937. Cette maison, la **Gropius House** *(droits d'entrée; 68 Baker Bridge Road, Lincoln,* ☎ *259-8843)*, incarne tous les principes de simplicité et de fonctionnalité qui font la marque distinctive du style Bauhaus. Elle est également meublée dans ce style et abrite plusieurs œuvres d'art.

Situé dans un parc de verdure boisé de 12 ha, le **DeCordova and Dana Museum** *(droits d'entrée; Sandy Pond Road, Lincoln,* ☎ *259-8355)* possède une collection d'œuvres américaines du XXe siècle, incluant peintures, sculptures, exécutions graphiques et photographies. À l'extérieur, sur la pelouse de son amphithéâtre, on présente, chaque été, des concerts de jazz.

■ Lexington et Concord ★★

Une forte dose d'histoire et d'enseignement supérieur attend les visiteurs dans les petites localités voisines de Boston. Aussi s'avère-t-il bien difficile d'exagérer l'importance pour les États-Unis des événements qui se déroulèrent à Lexington et à Concord le 19 avril 1775. Bien que personne ne sache qui a vraiment appuyé sur la gachette, «le coup de feu qui a retenti de par le monde» fut bel et bien tiré ce jour-là, marquant le début de la guerre d'Indépendance américaine. Ces deux villes, où résonnent encore les échos des affrontements révolutionnaires dans les champs bucoliques, les places de village et les musées, se trouvent à une demi-heure de route de Boston.

À l'origine, Cambridge regroupait plusieurs villages à l'intérieur de ses frontières, y compris ce qui est aujourd'hui devenu Lexington. Avec Concord, sa voisine, Lexington conserve une bonne partie de l'atmosphère rurale qui pouvait y régner à l'époque de la guerre d'Indépendance. Autour de ces villes, des champs de maïs sont parsemés de fermes des XVIIe et XVIIIe siècles encore intactes. Tout près, le Walden Pond, bien qu'envahi de touristes et de gens de la région par les chaudes journées d'été, reflète l'esprit de Thoreau à ses heures les plus paisibles.

Mais c'est surtout l'histoire de l'Indépendance qui attire la plus grande partie des foules à Lexington et à Concord. Vous pouvez aujourd'hui visiter le Lexington Green, où les *Minutemen* se sont réunis avant la bataille et où le capitaine aurait lancé «*S'ils veulent la guerre, eh bien qu'elle commence ici même*», puis suivre le sentier qui borde Battle Road et que les soldats de fortune empruntèrent lors de cette journée décisive. De vieux murets de pierres, derrière lesquels les *Minutemen* s'abritèrent tant bien que mal pour tirer sur les troupes anglaises avec leurs mousquets, se dressent toujours un peu partout dans la campagne.

La courte balade entre Boston et ces banlieues désormais paisibles continue à ramener les visiteurs des siècles en arrière, à l'époque de la naissance de cette nation indépendante que sont les États-Unis. Vous ne regretterez pas d'y consacrer une journée.

108 Attraits touristiques

Les localités verdoyantes et boisées de Lexington et de Concord, sites de la première bataille de la guerre d'Indépendance, sont à jamais marquées par les événements qui s'y déroulèrent le 19 avril 1775. Les forces britanniques avaient le plan de marcher sur Concord depuis Boston afin de s'emparer des approvisionnements militaires des coloniaux. Mais prévenus par Paul Revere au cours de la nuit précédente, les *Minutemen* (mi-fermiers, mi-soldats) purent se rassembler sur le Lexington Green bien avant l'aube et y attendre de pied ferme l'arrivée des Anglais.

Ce sont environ 77 hommes sur le Lexington Green et des centaines d'autres à Concord, qui affrontèrent les 700 soldats réguliers, et sérieusement entraînés, de l'armée britannique. Les Anglais subirent alors de lourdes pertes et durent rebrousser chemin vers Boston. «Le coup de feu qui retentit de par le monde» s'était fait entendre, et la Révolution était désormais engagée.

Entre les deux villes, vous pouvez passer une journée ou deux à visiter les champs de bataille et les monuments historiques. En arrivant à Lexington, à quelques kilomètres au nord de Lincoln, en retrait de la route 128, arrêtez-vous d'abord au **Lexington Visitors' Center** *(Lexington Green, 1875 Massachusetts Avenue, ☎ 862-1450)* pour vous procurer des plans et des brochures, de même que pour voir un diorama de la célèbre bataille.

De l'autre côté du **Lexington Green ★★**, au centre du village, se dresse la **statue du Minuteman** *(Battle Green, au croisement de Massachusetts Avenue, de Harrington Road et des rues Hancock et Bedford)*, qui représente un simple fermier tenant un mousquet, tête nue. Son socle d'aspect grossier est fait de pierres des champs prises aux murets, derrière lesquels la milice *yankee* s'était protégée pour tirer sur les Anglais. Cette statue est devenue le symbole de l'histoire de Lexington.

Sur l'étendue de verdure qui se trouve à côté du Visitors' Center, vous verrez la **Buckman Tavern ★** *(droits d'entrée; 0 Bedford Street, ☎ 862-5598)*, une construction jaune à charpente de bois construite en 1709. C'est ici qu'après avoir reçu le message de Paul Revere les *Minutemen* se rassemblèrent pour attendre les forces britanniques. Des dames d'un certain âge, souriantes et vêtues de longues jupes et de bonnets, vous feront visiter la maison, avec ses sols recouverts de larges planches, ses mousquets et ses meubles du XVIIIe siècle.

Environ 400 m plus au nord se dresse la **Hancock-Clarke House** *(droits d'entrée; 36 Hancock Street, ☎ 861-0928)*, où Samuel Adams et John Hancock se trouvaient au cours de la nuit fatidique. Revere s'arrêta ici pour les prévenir. C'est le père de John Hancock qui, autour de 1700, construisit cette jolie maisonnette à charpente de bois.

La petite **Munroe Tavern** *(droits d'entrée; 1332 Massachusetts Avenue, ☎ 862-1703)*, datant de 1695 et toute de rouge vêtue, servit de quartier général aux Anglais et abrita leurs soldats blessés après la bataille. La taverne a été conservée dans son état original, et l'on peut y voir divers souvenirs d'une visite de George Washington en 1789.

La **Jonathan Harrington House** *(Harrington Road; résidence privée)* était la maison du fifre colonial Jonathan Harrington, qui rendit son dernier souffle dans les bras de sa femme après avoir été mortellement blessé au cours de la bataille.

Le **Museum of Our National Heritage** *(33 Marrett Road, ☎ 861-6560)* présente des expositions temporaires sur l'histoire américaine dans quatre galeries différentes. Par le passé, on a pu y assister à des rétrospectives sur Benjamin Franklin, Paul Revere et l'*U.S.S. Constitution*, de même qu'à des expositions d'horloges, de meubles et d'épées de différentes époques.

Les 300 ha du **Minuteman National Historic Park ★** *(Route 2A, Concord, ☎ 508-369-6993)* regroupent plusieurs autres sites reliés à la bataille de Lexington et de Concord. Dans ce paisible décor sylvestre, il est bien difficile d'imaginer qu'un carnage aussi sanglant ait pu se produire. Un large sentier embaumé de pins mène à l'**Old North Bridge**, une réplique de 1956 du pont où les coloniaux de Concord retinrent les troupes britanniques sur la rivière Concord. Une autre statue en l'honneur des *Minutemen* s'élève de l'autre côté de la rivière; celle-ci, faite d'un canon refondu de 1776, a été conçue par Daniel Chester French et représente un fermier armé d'une faux et d'un fusil. Le **Visitor Center** *(174 Liberty Street)* vous présente par ailleurs un film et diverses pièces d'exposition.

Concord est également connue comme le berceau de quatre grandes figures littéraires du XIXe siècle : Nathaniel Hawthorne, Ralph Waldo Emerson, Henry David Thoreau et Louisa May Alcott.

L'**Old Manse** *(droits d'entrée; Monument Street, près du North Bridge, ☎ 508-369-3909)* ne servit pas seulement de résidence à Emerson mais aussi à Hawthorne, qui y vécut deux ans avec sa femme, alors qu'il écrivait *Mosses from an Old Manse*. Les lieux regorgent d'objets rappelant l'époque d'Emerson et de Hawthorne.

La famille Alcott habita l'**Orchard House** *(droits d'entrée; 399 Lexington Road, ☎ 508-369-4118)* pendant près de 20 ans. C'est ici que Louisa May Alcott écrivit ses plus célèbres romans, *Little Women* et *Little Men*.

Les Alcott et Hawthorne vécurent également sur une autre propriété, **The Wayside** *(droits d'entrée; 455 Lexington Road, ☎ 508-369-6975)*. Les Alcott y demeurèrent plusieurs années, alors que Louisa May était encore une enfant. Quant à Hawthorne, il acheta la maison en 1852 et y écrivit sa biographie de Franklin Pierce.

La **Ralph Waldo Emerson House** *(droits d'entrée; 28 Cambridge Turnpike, ☎ 508-369-2236)* est la maison où Emerson vécut pendant près de 50 ans, au cours desquels Thoreau, Hawthorne et les Alcott lui rendirent fréquemment visite. Presque tout l'ameublement est d'origine.

Le **Concord Museum** ★ *(droits d'entrée; 200 Lexington Road, ☎ 508-369-9609)* renferme des objets de la guerre d'Indépendance, des reliques littéraires et d'autres articles historiques se rapportant à Concord. L'étude d'Emerson a été reconstruite et transportée ici, et la chambre de Thoreau abrite les quelques meubles tout simples que l'écrivain avait fabriqués pour sa cabane sur le Walden Pond.

Le **Thoreau Lyceum** *(droits d'entrée; 156 Belknap Street, ☎ 508-369-5912)* abrite une réplique de la cabane de Thoreau sur le Walden Pond. Siège de la Thoreau Society, le Lyceum renferme une bibliothèque de recherche et organise des conférences sur le célèbre auteur.

Peu d'endroits ont été aussi profondément marqués par le passage d'un seul individu que la **Walden Pond State Reservation** *(droits d'entrée; route 126, par la route 2, ☎ 508-369-3254)*. Dans son fameux récit des deux ans passés dans une petite cabane de ces bois à compter de 1845, Thoreau écrit : *«Je me suis installé dans les bois parce que je désirais vivre en toute liberté, affronter les vérités essentielles de l'existence, et voir si je ne pouvais pas y apprendre ce que j'avais à enseigner; mais aussi pour ne pas découvrir bêtement, lorsque viendrait la mort, que je n'avais pas su vivre.»* Au cours de ces deux années, Thoreau s'employa à étudier la nature, à pêcher et à sarcler ses haricots. De nos jours, Walden Pond n'offre plus la même solitude; en fait, l'endroit est presque toujours bondé. Mais vous pouvez tout de même vous baigner dans l'étang, y pêcher ou encore y faire un peu de navigation. Des sentiers pédestres serpentent autour de l'étang, et vous y trouverez des tables pour pique-niquer. Vous pouvez également visiter l'amas de pierres qui marque l'emplacement de la cabane originale.

La ville est aussi reconnue pour ses **raisins de Concord**, cultivés par Ephraim Wales Bull.

PARCS ET PLAGES

Boston n'est certes pas que gratte-ciel et histoire. Même parmi les rues sinueuses et pavées du centre de la ville, vous trouverez des lieux de repos sur les pelouses du Boston Common et du Public Garden (voir «Attraits touristiques» aux sections traitant du centre-ville, p 64 et de Back Bay, p 82). Sans oublier le Franklin Park, l'Arnold Arboretum et Castle Island, Boston possède également d'autres parcs et plages moins connus.

Boston Harbor Islands

Une trentaine d'îles parsèment le Boston Harbor, éparpillées le long de la côte, au sud de Boston jusqu'à Quincy, Hingham et Hull, dont huit forment un parc d'État. Les puritains utilisaient ces îles comme pâturages et terres à bois, et la légende veut qu'un trésor de pirate y ait été enfoui et que des fantômes continuent d'y hanter certains vieux forts de la guerre d'Indépendance. Chaque île a un charme et un caractère uniques. Ainsi, **Peddocks Island**, une réserve de 45 ha caractérisée par des forêts, un marais salé, des plages rocailleuses et des champs dénudés, renferme un fort du début du siècle, une réserve faunique et les vestiges d'une ancienne communauté rurale. Vous y trouverez en outre un centre d'accueil des visiteurs pourvus de vitrines racontant en détail l'histoire de l'île. **Lovells Island**, primitive et paisible, se démarque par de longues plages, une faune diversifiée, des étangs de marée rocheux et des dunes de sable. **Georges Island**, plus petite, mais aussi la plus développée des îles du parc, est dominée par le fort Warren, classé monument historique et construit entre 1833 et 1869 sous la supervision de Sylvanus Thayer, le «père de West Point». Parmi les autres îles qui forment le parc, mentionnons Gallop's, Grape, Bumpkin et Great Brewster. Georges Island sert d'entrée au parc et vous offre un service gratuit de bateaux-taxis entre les différentes îles, du Memorial Day (quatrième lundi de mai) à la fête du Travail (premier lundi de septembre); pour de plus amples renseignements, adressez-vous au Department of Environmental Management (☎ 740-1605).

Les îles sont également accessibles par traversier ou par bateau de croisière administrés par la Bay State Cruise Company (66 Long Wharf et Commonwealth Pier, ☎ 723-7800). **Friends of the Boston Harbor Islands** (☎ 740-4290) organise également des excursions spéciales et des visites guidées.

Installations et équipement : aires de pique-nique, toilettes, gardes forestiers, pistes de randonnée, visites guidées du fort, activités à caractère historique, quais d'amarrage et comptoirs de rafraîchissements sont disponibles sur Georges Island.

Renseignements généraux : les îles de Peddocks, Lovells et Georges sont administrées par le Metropolitan District Commission (MDC's Harbor Region Office, ☎ 727-5359). Les autres îles, dont celles de Grape, Bumpkin et Brewster, appartiennent à l'État; vous pouvez vous adresser au **Boston Harbor Islands State Park** (☎ 740-1605).

Camping : autorisé sur les îles de Peddocks et Lovells (moyennant un permis de la MDC), ainsi que de Grape, Great Brewster et Bumpkin (moyennant un permis du Boston Harbor Islands State Park). Ni eau ni électricité; toilettes extérieures.

Baignade : autorisée sur les pourtours de Lovells Island seulement.

Pêche : favorable près des rivages rocheux et des quais publics de toutes les îles, sauf celle de Peddocks.

Belle Isle Marsh

Cette réserve couvre une superficie de près de 98 ha et englobe la majeure partie du plus important marais salé qui subsiste encore dans la région de Boston, caractéristique des nombreux sites marécageux qui bordaient autrefois la côte de la Massachusetts Bay Colony. Il s'agit d'un endroit tout à fait particulier où vous pouvez admirer des animaux de plusieurs espèces sauvages ainsi que des plantes de marais salé, très rares en région urbaine. L'accès se trouve sur Bennington Street, à East Boston.

Installations et équipement : pistes de randonnée, tours d'observation et visites guidées (☎ 727-5350).

Nantasket Beach

Autrefois un centre de villégiature sélect du milieu du XIXe siècle dont les hôtels de luxe rivalisaient avec ceux de Newport, le secteur de Nantasket Beach s'est peu à peu dégradé, jusqu'à ne plus être qu'un ramassis de bars, de friteries et de salles de jeux électroniques. Cette plage péninsulaire de 5,5 km n'en demeure cependant pas moins une des plus belles de la région, couverte de sable blanc et propre, et offrant par ailleurs une vue incomparable sur l'océan Atlantique. L'accès se trouve sur Nantasket Avenue, à Hull, à l'extrémité de la route 228.

Installations et équipement : aires de pique-nique, toilettes, surveillants de plage, abris, promenade, restaurants et casse-croûte (☎ 727-8856).

Baignade : toujours agréable. Après une tempête, les conditions sont idéales pour surfer avec ou sans planche.

Wollaston Beach

Cette bande de sable de 3 km est si étroite qu'à marée haute la plage disparaît pour ainsi dire complètement. L'arrière-plage est bordée d'un large brise-lames et d'un stationnement qui s'étendent sur toute la longueur de la bande. Les gens aiment s'y faire bronzer sur des chaises de jardin ou sur le capot de leur voiture, alors que d'autres y promènent simplement leur chien, ce qui donne à cette plage une allure tout à fait urbaine. Le sable est caillouteux, et il y a généralement foule, mais vous y aurez une vue splendide sur le ciel de Boston, dans le lointain. L'accès se trouve sur Quincy Shore Drive, en prenant vers le sud sur la route 3A, qui part du Neponset Circle, à Quincy.

Installations et équipement : aires de pique-nique, toilettes, cabines de bain et terrain de jeu; casse-croûte et restaurants, de l'autre côté de la rue *(☎ 727-5293)*.

Blue Hills Reservation

Ce parc de 2 600 ha constitue le plus grand espace de plein air dans un rayon de 55 km autour de Boston. Great Blue Hill, le point le plus élevé de la côte du Massachusetts, est le siège de la plus ancienne station météorologique de toute l'Amérique du Nord. On y trouve des douzaines de collines, une forêt, de nombreux lacs et marécages, ainsi que 240 km de sentiers de randonnée, de ski de fond et de promenade à cheval, mais également un musée d'histoire naturelle, le **Trailside Museum** *(1904 Canton Avenue, Route 138, Milton, ☎ 333-0690)*, qui présente des animaux vivants, des vitrines et des pièces d'exposition, de même que 16 sites historiques, y compris une maison de ferme qui date de 1795. Les bureaux de la réserve se trouvent à Milton, sur Hillside Street, à côté du poste de police, et vous pourrez vous y procurer des plans des lieux.

Installations et équipement : aires de pique-nique, toilettes, surveillants de plage, casse-croûte, courts de tennis, terrain de golf, petite piste de ski alpin avec location d'équipement, terrains de baseball et activités en relation avec la nature *(☎ 698-1802)*.

Camping : l'Appalachian Mountain Club *(5 Joy Street, Boston,* ☎ *523-0636)* dispose de 20 petits chalets sur le Ponkapoag Pond, qu'il est nécessaire de réserver assez longtemps à l'avance; 16-22 $ par nuitée, toilettes extérieures, ni eau ni électricité.

Baignade : le Houghton Pond, aux eaux calmes et au fond sablonneux, convient particulièrement aux enfants.

Pêche : les étangs regorgent de truites, de bars, de chabots, de perches et de poissons-lunes.

Middlesex Fells Reservation

Le mot *fells*, d'origine écossaise, signifie «contrée sauvage et vallonnée», ce qui décrit très bien cette réserve de plus de 800 ha. Ce territoire accidenté fut d'abord exploré en 1632 par John Winthrop, le premier gouverneur de la colonie de la baie du Massachusetts. Le gouvernement local en fit l'acquisition en 1893 pour le transformer en parc public et construisit une ligne de tramway destinée à y transporter les pique-niqueurs, d'ailleurs fort nombreux. Plus de 80 km de sentiers de randonnée et de vieux chemins forestiers sillonnent les *Fells*. Pour y accéder, empruntez les sorties 32, 33 ou 34 de la route 93, à 10 km de Boston.

Installations et équipement : aires de pique-nique, pistes de ski de fond, patinoire et piscine *(☎ 662-5214)*.

Pêche : les étangs contiennent du poisson-lune, du poisson-chat, de la perche, du brocheton et du bar.

ACTIVITÉS DE PLEIN AIR

Ville unique s'étendant en bordure de mer, Boston bénéficie d'un atout majeur quant à la pratique d'une foule d'activités de plein air, notamment la voile et l'observation de baleines. En outre, vous pourrez y profiter de pistes cyclables panoramiques et de sentiers idéaux pour le jogging.

La voile

Vous éprouverez une sensation unique en voguant sur les eaux bleues de la rivière Charles par un jour de bonne brise, avec Boston, d'un côté, et Cambridge, de l'autre. En tant que visiteur, vous pouvez louer un bateau auprès de **Community Boating** *(21 Embankment Road, Boston, ☎ 523-1038)*, moyennant une épreuve d'aptitude à la navigation et l'achat d'une carte de membre valable pour deux jours. Mais vous pouvez tout aussi bien louer une embarcation avec son capitaine au **Boston Sailing Center** *(54 Lewis Wharf, ☎ 227-4198)* ou au **Boston Harbor Sailing Club** *(72 East India Row, ☎ 523-2619)*.

L'observation des baleines

De Boston, vous pouvez facilement vous rendre à Stellwagen Bank, un des principaux endroits où les baleines viennent chercher leur nourriture. Des excursions au large sont organisées par le **New England Aquarium** *(Central Wharf, ☎ 973-5277)*, la **Bay State Cruise Company** *(66 Long Wharf et Commonwealth Pier, ☎ 723-7800)* et **A.C. Cruise Line** *(Commonwealth Pier, World Trade Center, ☎ 426-8419)*.

Le jogging

Le jogging a acquis une telle popularité à Boston qu'on pourrait croire que la moitié de la population s'entraîne en prévision du marathon qui s'y tient chaque année. Les sentiers les plus courus se trouvent le long des bandes de verdure qui bordent chacune des rives de la Charles River sur plus de 27 km. Pour de plus amples renseignements, adressez-vous au **USA Track and Field** *(2001 Beacon Street, Brookline, ☎ 566-7600)*. Deux autres pistes sécuritaires, l'une de 3,25 km et l'autre de près de 5 km, sont accessibles à la **Breakheart Reservation** *(177 Forest Street, Saugus, ☎ 233-0834)*.

La bicyclette

La bicyclette est très populaire le long des pittoresques voies d'eau de la région de Boston, y compris de la Charles River, mais nous vous recommandons d'éviter les rues étroites et congestionnées du centre-ville; la Charles River Esplanade, sur la rive de Boston, dispose néanmoins d'une piste cyclable clairement signalisée d'environ 30 km, le **Dr. Paul Dudley White Bike Path**, qui part du Science Park, traverse Boston puis Cambridge et Newton avant de rejoindre Watertown. Le **Stony Brook Reservation Bike Path** *(Turtle Pond Parkway, West Roxbury, Hyde Park, ☎ 698-1802)* traverse, pour sa part, 6,5 km de forêt et aboutit à Dedham. La **Mystic River Reservation** possède également une belle petite piste de 5,5 km qui longe la rivière du Wellington Bridge, à Sommerville, jusqu'à Everett. Certaines parmi les meilleures et les moins fréquentées de toutes les pistes cyclables de la région se trouvent dans le secteur du **Wompatuck State Park** *(Union Street, Hingham,*

☎ *749-7160)*, où vous trouverez 20 km de pistes faciles à travers bois, parmi quelques-unes des plus anciennes futaies de l'est de la Nouvelle-Angleterre.

Si vous vous sentez prêt à relever un défi de taille, aventurez-vous sur la piste de quelque 220 km du **Claire Saltonstall Bikeway**, dont le premier segment relie Boston à Bourne, à l'entrée du Cape Cod. Les autres sections du parcours suivent le Cape Cod Rail Trail jusqu'à Provincetown, à la fine pointe du cap.

Pour tout renseignement sur le vélo de randonnée dans la région, adressez-vous à la **Boston Area Bicycle Coalition** *(P.O. Box 1015, Kendall Square Branch, Cambridge, MA 02142,* ☎ *491-7433)* ou à la **Charles River Wheelmen** *(1 Belnap Road, Hyde Park,* ☎ *325-2453)*.

La location d'une bicyclette

Dans la région de Boston, adressez-vous au **Community Bike Shop** *(496 Tremont Street,* ☎ *542-8623)* ou au **Ferris Wheel Bicycle Shop** *(64 South Street, Jamaica Plain,* ☎ *522-7082)*.

Le patin à glace

Les patineurs suivent les contours du lagon du Public Garden et du Frog Pond du Boston Common depuis plus d'un siècle. La rivière Charles ne gèle presque jamais suffisamment pour permettre la pratique de ce sport, mais la **Metropolitan District Commission** (MDC) *(20 Somerset Street,* ☎ *727-9547)* gère 21 patinoires publiques intérieures, dont certaines où vous pourrez louer des patins. Le **Skating Club of Boston** *(1240 Soldier's Field Road, Brighton,* ☎ *782-5900)* accueille également le public et loue des patins sur place.

Le ski de fond

Plusieurs options s'offrent ici aux fondeurs. La **Weston Ski Track** *(Park Road, Weston,* ☎ *891-6575)* regroupe des pistes légèrement ondulantes aménagées sur un terrain de golf; cours et location d'équipement disponibles sur place. Le **Lincoln Guide Service** *(Conservation Trail, Lincoln, ☎ 259-9204)* propose aussi des cours et de l'équipement de location. La **Middlesex Fells Reservation** *(1 Woodland Road, Stoneham, ☎ 662-5214)* entretient une piste gratuite de 10 km qui conviendra aux skieurs de différents calibres; plan de piste disponible. Le **Wompatuck State Park** *(Union Street, Hingham, ☎ 749-7160)* est sillonné de pistes relativement faciles; plans gratuits disponibles aux bureaux du parc.

Le golf

Prenez le départ à l'un ou l'autre des nombreux terrains de golf publics, y compris le **George Wright Golf Course** *(420 West Street, Hyde Park, ☎ 361-8313)*, le **Presidents Golf Course** *(357 West Squantum Street, Quincy, ☎ 328-3444)*, le **Braintree Municipal Golf Course** *(101 Jefferson Street, Braintree, ☎ 843-9781)*, le **Newton Commonwealth Golf Course** *(212 Kenrick Street, Newton, ☎ 630-1971)*, le **Stow Acres** *(58 Randall Road, Stow, ☎ 508-568-8690)* et le **Colonial Country Club** *(1 Audubon Road, Lynnfield, ☎ 245-9300)*.

Le tennis

La **Metropolitan District Commission** (MDC) *(20 Somerset Street, ☎ 727-9547)* exploite 45 courts à travers la ville et dans le Boston métropolitain. Premier arrivé, premier servi. Cambridge possède également des courts publics *(pour information, composez le ☎ 349-6231)*. Il existe par ailleurs de nombreux clubs privés; l'un d'eux, également ouvert au public, est le **Sportsmen's Tennis Club** *(Franklin Field Tennis Center, 950 Blue Hill Avenue, Dorchester, ☎ 288-9092)*.

La randonnée pédestre

À quelques kilomètres seulement du brouhaha du centre-ville de Boston, le Massachusetts se transforme en une succession de collines ondulantes et verdoyantes, de vallées fluviales et de forêts de pins et de bois dur. Un nombre surprenant de parcs et de réserves fauniques jalonnent les hameaux avoisinants, où vous pouvez emprunter quantité de pistes panoramiques, aussi bien longues que courtes.

Les pistes de la grande banlieue

Le **Quincy Quarries Foothpath** (4 km) traverse les parois abruptes d'une carrière, le premier chemin de fer commercial des États-Unis et un moulin à tour de 1898, autrefois utilisé pour tailler et polir les blocs et les colonnes de granit de Quincy, qui ont d'ailleurs servi à la construction de plusieurs bâtiments célèbres d'Amérique.

Le plus important sentier du **World's End** (6,5 km) monte, puis redescend le long d'une petite péninsule qui, de Hingham, s'étend au nord jusqu'à la baie de Massachusetts. Ses routes merveilleusement aménagées, aux courbes clémentes, ont été dessinées par le célèbre paysagiste Frederick Law Olmsted (celui qui a conçu entre autres le parc du Mont-Royal, à Montréal) en vue d'un lotissement qui ne vit jamais le jour. Le sentier large et herbeux serpente à travers prés et marécages, longe une série de drumlins rocailleux datant de l'ère glaciaire et parcourt des allées de chênes anglais, de pins et de cèdres rouges avant de gravir un tertre escarpé d'où vous pourrez jouir d'une des plus belles vues sur Boston qu'on puisse trouver depuis la rive sud.

La **Ponkapoag Trail** (5,6 km), située sur la réserve de Blue Hills, contourne le Ponkapoag Pond à travers des terres marécageuses et en bordure d'un terrain de golf. De là, le Ponkapoag Log Boardwalk traverse une tourbière flottante, envahie de bleuets cultivés, de glaïeuls des marais et de cèdres blancs de l'Atlantique.

Le **Bearberry Hill Path** (4,8 km), aménagé sur la réserve peu connue et peu fréquentée de Stony Brook, présente un parcours solitaire dans un bois paisible. Le sentier traverse la forêt jusqu'au Turtle Pond, puis retourne vers son point de départ en longeant la piste cyclable asphaltée qui marque la frontière est du parc, à travers un fourré marécageux et à proximité d'un terrain de golf.

Activités de plein air

La **Skyline Trail** (11 km), sillonnant la Middlesex Fells Reservation, est un ruban accidenté qui franchit plusieurs monticules rocheux encadrés par deux tours d'observation. Le paysage varie considérablement le long du parcours, d'un étang couvert de nénuphars et peuplé de grenouilles à des forêts de bois dur, en passant par des collines jonchées de roches volcaniques, un ancien champ de courses aux gradins improvisés, des tapis rosés d'épigées rampantes ainsi que des marais.

Vous pouvez également, comme le font des milliers d'autres, vous promener sur les mêmes rivages que Thoreau parcourait au **Walden Pond**, à Concord. Un circuit de 2,75 km serpente à travers bois en bordure des eaux cristallines de l'étang. À l'emplacement de la cabane habitée par Thoreau pendant deux ans, les voyageurs de toutes les parties du globe ont, au fil des années, déposé des pierres qui forment aujourd'hui un véritable monument à la mémoire du poète.

HÉBERGEMENT

Plusieurs complexes hôteliers, érigés en gratte-ciel modernes et étincelants au cours de la vague d'édification des années quatre-vingt, sont venus rejoindre les «grandes dames d'antan» dans la région du centre-ville et sur le littoral. Nombre d'entre eux sont de tout premier ordre, mais les prix de ces nouveaux palaces ne conviennent malheureusement pas à toutes les bourses.

Les plus vieux hôtels d'époque, comme le Parker House, le Ritz-Carlton et le Lenox, se sont montrés à la hauteur du défi que représentent ces nouveaux venus en ravalant les façades de leurs immeubles, qui en avaient d'ailleurs grandement besoin. Leurs prix sont parfois moins prohibitifs que ceux de leurs ambitieux compétiteurs, à qui ils ravissent d'ailleurs invariablement la palme au niveau du charme.

Si vous voyagez en mai, à l'époque des festivités qui entourent la remise des diplômes universitaires, ou en automne, alors qu'on accourt de partout pour admirer le feuillage multicolore des arbres de la région, soyez sûr de réserver vos chambres longtemps à l'avance.

Ce chapitre présente une vaste sélection d'hôtels, par secteur de la ville et par ordre de prix, du moins cher au plus cher. Les prix mentionnés sont en vigueur durant la haute saison (été); donc, si vous y allez pendant une autre période, il est conseillé de vous informer des rabais consentis. Ces prix s'appliquent à des chambres pour deux personnes. Les hôtels pour petit budget *($)* sont généralement propres, satisfaisants, mais modestes, et sous la barre des 50 $US pour deux personnes. Les établissements de prix moyen *($$)* oscillent entre 50 $US et 90 $US; ce qu'ils offrent en fait de luxe varie selon leur situation, mais leurs chambres sont généralement plus grandes. Les hôtels de catégorie moyenne-élevée *($$$)* coûtent entre 90 $US et 130 $US pour deux. Les chambres y sont spacieuses, et le hall d'entrée s'avère agréable. S'y trouvent aussi la plupart du temps un restaurant et quelques boutiques. En dernier lieu, les hôtels de grand luxe *($$$$)*, réservés à ceux pour qui le budget importe peu, sont les meilleurs de la ville. Il est à noter qu'une taxe de 9,7 % s'ajoute au prix des chambres d'hôtels de Boston.

Greater Boston Hospitality *($-$$$ pdj; P.O. Box 1142, Brookline, MA 02146, ☎ 277-5430)*, qui regroupe des douzaines de membres, dont plusieurs à Beacon Hil, à Back Bay et à Cambridge, inclut toujours le petit déjeuner dans le prix de ses chambres. Parmi les résidences inscrites à cette agence, notons une maison en brique de style fédéral à Beacon Hill, avec cheminées et lits à colonnes, une serre et un charmant jardin dissimulé, ainsi qu'une maison classique de grès bruns à Back Bay, construite en 1890, dont les sols en acajou se parent de tapis orientaux et de meubles du XVIIIe siècle, également en acajou. Accueille volontiers les gays.

Bed & Breakfast Associates Bay Colony *($$-$$$; P.O. Box 57166, Babson Park Branch, Boston, MA 02157, ☎ 449-5302)* dispose de chambres dans plus de 150 résidences, incluant souvent un petit déjeuner complet et une salle de bain privée, dont plusieurs se trouvent à Waterfront, dans le South End, à Back Bay et à Beacon Hill. Un large éventail d'aménagements s'offre à vous, d'une chambre à fenêtre en rotonde et au plancher en pin avec cheminée et lit antique en laiton dans une maison victorienne du South End aux demeures de Beacon Hill et Back Bay, à proximité du Public Garden. Un des meilleurs rapports qualité/prix.

Centre-ville

Il existe au moins une demi-douzaine d'agences de *Bed and Breakfasts* à Boston, qui peuvent aussi bien vous loger au centre-ville qu'à Cambridge ou en banlieue.

Un des hôtels les mieux cotés de la Nouvelle-Angleterre, le **Four Seasons Hotel** *($$$$; ≈, ⊛, ⊖; 200 Boylston Street, ☎ 338-4400 ou 1-800-332-3442, ≠ 426-7199)*, qui compte 288 chambres, surplombe le Public Garden. Son décor intérieur reflète le caractère des résidences victoriennes de Beacon Hill, avec un grand escalier montant du hall vers les étages supérieurs, des chambres disposant de secrétaires aux surfaces garnies de cuir et des salles de bain rehaussées de fleurs fraîches et de meubles-lavabos recouverts de marbre. Ses installations incluent un centre de détente, une cuve à remous, une salle d'exercices, un salon de massage et une piscine avec vue sur Beacon Hill. En hiver, on vous fournit même des édredons.

Le **Swissotel Boston** *($$$$; ≈, ⊖, △, ℜ; 1 Lafayette Avenue, ☎ 451-2600 ou 1-800-621-9020, ≠ 451-0054)* propose 500 chambres. Appartenant à une société suisse, cet hôtel confirme l'efficacité et l'hospitalité qui font la marque de ce peuple. Situé à proximité de tout, il vous offre tout le confort dont vous pouvez rêver : service aux chambres jour et nuit, salles de bain équipées de téléphones, centre de détente, piscine olympique avec terrasse extérieure, sauna, salle d'exercices, un restaurant et un salon où l'on sert du thé et des pâtisseries en après-midi. La décoration réunit les styles colonial et européen, avec des meubles et des tableaux antiques fort impressionnants, des lustres en cristal de Waterford et des revêtements de marbre importé. Les chambres sont judicieusement tapissées de vert, de moka et de rose.

L'**Hôtel Méridien** *($$$$; ≈, ⊛, ⊖, △, ℜ; 250 Franklin Street, ☎ 451-1900 ou 1-800-543-4300, ≠ 423-2844)* fait partie des établissements les plus réputés des États-Unis. Établi en 1981, il occupe les anciens locaux de la Federal Reserve Bank, dont la construction remonte à 1922, avec son architecture de granit et de calcaire inspirée d'un *palazzo* romain de la Renaissance. À l'intérieur, plusieurs détails du bâtiment original ont été préservés, y compris le raffinement des portes en bronze repoussé, les dorures des plafonds ouvragés et les torchères en bronze sculpté. Le salon Julien est dominé par deux gigantesques murales de N.C. Wyeth, représentant respectivement Abraham Lincoln et George Washington. L'hôtel dispose de 326 chambres, de deux restaurants, de deux bars, d'une piscine intérieure et d'un centre de conditionnement physique avec cuve à remous et sauna. Les chambres sont vastes, élégantes et chaleureuses, peintes de couleurs variées; leur ameublement comprend un fauteuil club et un canapé ton sur ton, tous deux brodés d'argent et harmonisés avec les murs, lesquels contrastent par ailleurs avec un secrétaire en laque noir.

L'**Omni Parker House** *($$$$; 60 School Street,* ☎ *227-8600 ou 1-800-843-6664,* ≈ *725-1638)* appartient à la légende bostonienne. De nombreuses célébrités y ont séjourné, de Charles Dickens à John Wilkes Booth et Hopalong Cassidy. Le hall de grand style à l'ancienne est orné de panneaux de bois sculptés et de moulures dorées; son plafond, duquel pendent des lustres à bougies, est également de bois sculpté, et les portes d'ascenseur sont en bronze repoussé. Il est en plein cœur du centre-ville, à quelques pas seulement du Quincy Market. Secrétaires, fauteuils à oreillettes, moquettes sable, couvre-lits rosés à motifs floraux et baignoires en marbre font l'orgueil de ses chambres.

En raison de son apparence, le **Boston Harbor Hotel** *($$$$; ≈, ⊖, △, ℜ; 70 Rowes Wharf,* ☎ *439-7000 ou 1-800-752-7077)* est tout simplement l'hôtel le plus ahurissant qui ait été construit à Boston depuis nombre d'années. Donnant directement sur le port, et conçu dans le grand style classique, il présente une construction en brique percée d'une arche de 25 m. Sa façade est bordée de quais de style vénitien, et au sommet se trouve un belvédère en rotonde à dôme cuivré. Une cour intérieure pavée débouche sur le somptueux hall revêtu de dalles de marbre et orné de cristal. Plusieurs de ses 230 chambres offrent une magnifique vue sur la mer; des meubles de bois foncé, des tables de chevet recouvertes de marbre et des tableaux d'oiseaux en complètent le décor aux tons de vert. Parmi ses installations : une salle d'exercices, un centre de détente, un sauna, une piscine, un restaurant primé et un bar.

Le **Bostonian** *($$$$; ⊛, ⊖, ℜ; à l'angle des rues North et Blackstone, ☎ 523-3600 ou 1-800-343-0922, ⇌ 523-2454)*, un petit hôtel de luxe de 152 chambres, se trouve tout à côté du Faneuil Hall et du Quincy Market. Deux vitrines rappelant les premiers jours de la lutte contre l'incendie à Boston agrémentent son hall. En plus d'abriter l'un des meilleurs restaurants de la ville, le Bostonian se caractérise par un atrium entouré de terrasses sur plusieurs étages. Une chambre typique révèle une moquette rose et des meubles contemporains, avec tables de verre et causeuses blanches. Les salles de bain sont spacieuses, équipées d'un double lavabo et d'une grande baignoire ovale. Six des chambres offrent même une baignoire à remous et un foyer. Les clients de l'hôtel sont également admis sans frais au centre de conditionnement physique situé à proximité.

Beacon Hill

Une vraie trouvaille, à un prix de loin inférieur aux établissements du centre-ville, est la **John Jeffries House** *($$; ℂ; 14 Embankment Road, ☎ 367-1866)*, qui propose 46 appartements et studios spacieux, tous équipés d'une cuisinette, dans un immeuble rénové du début du siècle qui domine Charles Street. Les pièces sont décorées avec goût dans des tons pastel, sont meublées de copies en bois foncé et comportent de grandes fenêtres et des salles de bain modernes. Le salon est également vaste et confortable.

L'**Eliot and Pickett Houses** *($$-$$$ pdj; ≡, ℂ; 6 Mount Vernon Place, ☎ 742-2100, ⇌ 367-3237)* est une auberge de type *Bed and Breakfast* aménagée dans deux merveilleuses maisons de ville en brique des années 1830 et regroupant au total 20 chambres (9 dans la maison Eliot et 11 dans la maison Pickett). Moquette mur à mur, climatisation centrale et copies plus ou moins standard de meubles de style Fédéral en font un endroit confortable sans être trop pittoresque. Vous pourrez y préparer vos propres repas dans les cuisines mises à votre disposition, et la maison vous offrira gracieusement le petit déjeuner chaque matin. Certaines chambres sont accessibles aux personnes handicapées.

Le **Beacon Hill Bed & Breakfast** *($$$; bp; 27 Brimmer Street, ☎ 523-7376)*, une coquette maison de briques de six étages située sur une rue résidentielle, se trouve dans un paisible quartier sur les pentes inférieures de Beacon Hill, seulement à deux rues à l'ouest de Charles Street. Chacune des chambres à haut plafond offertes en location dispose d'un foyer et d'une salle de bain privée. La plupart des chambres ont vue sur la rivière Charles, les autres, sur la mignonne église adventiste de style néogothique qui se dresse de l'autre côté de la rue.

Back Bay

À la **Beacon Inn Guest House** *($; bp, ≡, ℂ; 248 Newbury Street, ☎ 262-1771)*, en plein cœur de Back Bay, vous trouverez 20 chambres pour le moins ordinaires et défraîchies, néanmoins équipées de lits jumeaux, d'une cuisinette et d'une salle de bain privée; en été, l'hôtel dispose de 10 pièces supplémentaires, et toutes les chambres sont climatisées. Les gays sont les bienvenus.

Une bonne façon d'échapper aux coûts élevés des hôtels de Boston consiste à louer un appartement meublé. **Comma Realty, Inc.** *($-$$; ℂ; 371 Commonwealth Avenue, ☎ 437-9200)* dispose de 45 studios et appartements dotés d'une cuisine que vous pouvez louer à la journée entre novembre et mars, ou à la semaine entre avril et octobre. Les locaux sont simples mais confortables, et les sols sont recouverts de moquette marron facile d'entretien. Les chambres sont équipées de lits jumeaux, et les accessoires de salle de bain sont d'un bleu quelque peu criard.

L'**Oasis** *($-$$ bc, $$ bp; 22 Edgerly Road, ☎ 267-2262)*, qui date des environs de 1860 et se trouve sur une rue paisible, dessert essentiellement une clientèle gay, bien qu'on y retrouve aussi des gens de tous les milieux. Ses 16 chambres sont meublées d'antiquités et de grands lits, et certaines d'entre elles sont en mansarde. Le petit déjeuner continental est servi dans la salle à manger.

La **463 Beacon Street Guest House** *($$; ℂ, ℝ; 463 Beacon Street, ☎ 536-1302)* attire une clientèle mixte et souvent gay. Ses 20 chambres, toutes équipées d'un réfrigérateur et d'une cuisinière ou d'un four à micro-ondes, et réparties sur six étages (sans ascenseur), font de cet établissement de grès bruns du début du siècle un excellent choix en ce qui concerne le rapport qualité/prix. Des services commerciaux et une laverie sont également accessibles.

La **Newbury Guest House** *($$-$$$ pdj; tv, ☎; 261 Newbury Street, ☎ 437-7666)* se reconnaît à son imposante façade de grès bruns et à sa jolie terrasse en bordure de rue. Campée dans l'élégant décor de Newbury Street, cette auberge rénovée de 1882 propose 15 chambres aux parquets de pin, aux plafonds élevés et meublées de copies victoriennes. Certaines d'entre elles bénéficient de fenêtres en rotonde, et toutes sont équipées d'un téléviseur et d'un téléphone, ce qui est plutôt rare dans les petites auberges. Mieux encore, le prix de la chambre inclut un petit déjeuner continental avec pain maison. Les gays sont les bienvenus.

L'**Eliot Suite Hotel** *($$-$$$; ℂ; 370 Commonwealth Avenue, ☎ 267-1607)*, construit en 1925 pour la famille de Charles Eliot, alors président de l'Université Harvard, est un des plus petits, mais aussi l'un des plus charmants hôtels de la ville. Son atmosphère est accueillante et chaleureuse, et il a subi une importante rénovation au début de l'année 1990. Son hall peint d'un vert suave est décoré de fauteuils à oreillettes, de canapés et d'appliques murales en cristal. Quant aux chambres, dont certaines bénéficient d'une cuisinette, elles sont agrémentées de meubles foncés de style antique.

Le **Copley Square Hotel** *($$$; 47 Huntington Avenue, ☎ 536-9000 ou 1-800-225-7062, ≈ 236-0351)*, dont la construction de pierres remonte à 1891 et qu'on a entièrement rénové depuis peu, loge plusieurs familles et de nombreux Européens dans ses 141 chambres accueillantes et douillettes. Bien que quelque peu exiguës, celles-ci n'en sont pas moins confortablement meublées dans un style contemporain et agrémentées de tissus aux tons de bleu, de vert et de mauve. Quoi qu'il en soit, il s'agit d'une véritable aubaine pour ce secteur de la ville.

Le classique **Ritz-Carlton** *($$$$; ⊘, △, ℜ; 15 Arlington Street, ☎ 536-5700 ou 1-800-241-3333, ≈ 536-1335)*, construit en 1927, s'est refait une beauté. Les chambres y sont typiquement spacieuses et dégagées, avec de hauts plafonds, des tentures et des couvre-lits aux motifs floraux dans les teintes de marron, et un ameublement de style provincial français. Les murs se parent de reproductions de gravures antiques représentant Boston et Bunker Hill. Les salles de bain sont caractérisées par un sol de marbre blanc poli et des garnitures antiques. Outre un centre de conditionnement physique avec sauna et salon de massage à l'intérieur même de ses murs, le Ritz, qui compte 278 chambres, offre gracieusement à ses clients l'accès à un club de santé parfaitement équipé à proximité de l'hôtel. Ses installations incluent deux restaurants, un bar et un salon de thé ouvert l'après-midi.

La «grande dame» des hôtels de Boston n'est autre que le **Copley Plaza** *($$$$; ℜ; 138 St. James Avenue, ☎ 267-5300 ou 1-800-822-4200)*, établi en 1912. Autrefois célèbre pour ses somptueuses réceptions, comme sa «soirée à Venise», alors que des gondoles voguaient sur le parquet de danse transformé en *Grand Canal* pour l'occasion, tous les présidents américains y ont séjourné depuis Taft, de même que les rois et reines de huit pays. John F. Kennedy en était lui-même un habitué. Avec ses colonnes et ses planchers de marbre, ses lustres en cristal et son ameublement de style provincial français, son hall arbore une élégance peu commune; le plafond est par ailleurs orné de moulures et de dorures, et peint en trompe-l'œil aux couleurs de l'azur. L'hôtel abrite également deux restaurants et un piano-bar plein d'entrain. Les chambres renferment des meubles d'époque foncés, et les murs sont chaleureusement tapissés de motifs floraux, alors que les salles de bain se prévalent de marbre ancien et d'accessoires chromés.

De véritables foyers ajoutent considérablement au charme antique du **Lenox Hotel** *($$$$; 710 Boylston Street, ☎ 536-5300 ou 1-800-225-7676, ≈ 236-0351)*, qui dispose de 222 chambres. Établi au tournant du siècle, il était jadis fréquenté par des artistes aussi renommés qu'Enrico Caruso, qui s'y rendait à bord de son tramway personnel. Le hall a conservé l'élégance de la Belle Époque, avec ses hautes colonnes blanches, ses moulures habillées de feuilles d'or, sa cheminée en marbre et son distingué décor marine et blanc. Les chambres sont typiquement équipées d'un lustre colonial et d'une berceuse; les plafonds sont hauts, et le décor y crée une ambiance tantôt orientale, tantôt coloniale.

Le **Colonnade** *($$$$; ≈, ℜ; 120 Huntington Avenue, ☎ 424-7000 ou 1-800-962-3030, ≠ 424-1717)*, qui a ouvert ses portes en 1971, fut le premier hôtel indépendant de luxe à voir le jour à Boston en 40 ans; il a d'ailleurs inspiré la vague hôtelière qui devait déferler sur la ville 10 ans plus tard. Fameux pour la hardiesse de son architecture Bauhaus, le Colonnade a entièrement rénové ses 288 chambres dans des teintes pour le moins recherchées, les murs mauves étant rehaussés par le marine et le rose des couvre-lits. On y trouve également un restaurant et la seule «piscine sur le toit» de Boston.

Fenway

Le plus modeste de tous les gîtes de Boston, tant au point de vue du prix qu'au point de vue des installations, est sans contredit l'auberge de jeunesse, ou **Boston International American Youth Hostel** *($; ℂ; 12 Hemenway Street, ☎ 536-1027)*. Les chambres de style dortoir comptent chacune six lits, les hommes et les femmes étant séparés. Vous devez fournir vos propres draps (ou en louer sur place), et aucune boisson alcoolisée n'est permise sur les lieux. Les non-membres de l'AYH (American Youth Hostels) doivent en outre acquitter un léger supplément en guise d'adhésion préliminaire à l'organisme qui régit ce type d'établissement. L'auberge peut loger jusqu'à 190 personnes en été, alors que, durant l'année académique, ce nombre tombe à 125. Les clients ont accès à la laverie et à la cuisine, de même qu'au salon, où se trouvent un piano et un distributeur de jus.

Contrairement au YWCA (voir p 134), le **YMCA** *($; ≈; 316 Huntington Avenue, ☎ 536-7800)* accueille aussi bien les hommes que les femmes. Vous y serez mieux installé qu'au YWCA. Vous y trouverez un hall spacieux et confortable aux murs recouverts de panneaux de bois, une piscine intérieure, une laverie et une cafétéria. Les chambres y sont toutefois de type «cellule» et garnies de meubles qui pourraient très bien provenir de l'Armée du Salut.

Les voyageurs au budget restreint ne trouveront pas de meilleure affaire à Boston qu'au **Florence Frances'** *($-$$; bc, ℂ; 458 Park Drive, ☎ 267-2458)*, une construction de grès bruns âgée de 140 ans qui compte quatre chambres d'hôte avec salle de bain commune. M{me} Frances a voyagé partout à travers le monde, et elle a mis ses souvenirs à profit pour donner un caractère particulier à chacune des chambres. À titre d'exemple, les murs de la «chambre espagnole», relevée de noir, de rouge et de blanc, sont parés d'éventails espagnols. La salle de séjour et le petit salon sont magnifiquement meublés d'antiquités et révèlent une collection de figurines Royal Doulton. Une cuisine communautaire est également mise à la disposition des clients.

Le **Buckminster** *($-$$$ selon les dimension des chambres;* ℂ*; 645 Beacon Street,* ☎ *236-7050 ou 1-800-727-2825,* ≈ *262-0068)*, un établissement de 100 chambres, constitue une solution peu coûteuse par rapport aux chic auberges et hôtels des environs de Back Bay. L'hôtel occupe trois étages d'un bel immeuble ancien situé au cœur du vibrant secteur du Kenmore Square. Les chambres et les suites se révèlent plutôt grandes, et toutes sont garnies de copies de meubles d'époque. L'attrait principal du Buckminster réside sans contredit dans l'avantage qu'il représente pour les voyageurs qui y logent plus d'une nuit, chaque étage possédant sa propre cuisine et une laverie. Si seulement il y avait des hôtels comme celui-ci dans toutes les villes!

South End

Le **Berkeley Residence/YWCA** *($; 40 Berkeley Street,* ☎ *482-8850)* se présente comme l'hébergement le moins coûteux de la ville pour la clientèle féminine. Aucun homme n'y est admis au-delà des salles publiques. Les chambres sont équipées de lits jumeaux recouverts de chenille et de meubles clairs plutôt fatigués. Les salles de bain se trouvent en bout de palier. Une laverie et une cafétéria complètent les installations.

Malgré ses couloirs sombres et étroits, certaines disparités de couleurs et quelques baignoires écaillées, le **Chandler Inn** *($$-$$$;* ℜ*; 26 Chandler Street,* ☎ *482-3450 ou 1-800-842-3450,* ≈ *542-3428)* dispose de 56 chambres propres, toutes équipées et décemment aménagées avec de nouveaux meubles en chêne et dans un décor aux tons de bleu et de vert. Il y a aussi un restaurant et un bar largement fréquenté par la population gay.

Bien qu'elle ne propose que quatre chambres, la **Terrace Townhouse** *($$$-$$$$; 60 Chandler Street, ☎ 350-6520, ≈ 482-8474)* est un véritable joyau caché. Cette résidence construite en 1870 a été richement décorée à neuf, de son lumineux couloir saumon, orné de gravures françaises et anglaises des XVIIe et XVIIIe siècles, à ses chambres, dont chacune reflète un thème particulier. La French Dining Room (autrefois la salle à manger, transformée depuis en chambre) ne renferme ainsi que des antiquités françaises, parmi lesquelles une grande armoire, un lustre en cristal et un lit à baldaquin. Le petit déjeuner est servi au lit dans de la porcelaine antique, alors qu'on vous propose thé et sherry dans la bibliothèque à 16 h.

Environs de Boston

■ Cambridge

Parmi les gîtes les moins coûteux, mais aussi les plus modestes, notons l'**Irving House** *($$; bp; 24 Irving Street, ☎ 354-8249 ou 1-800-854-8249, ≈ 576-2814)*, près du Harvard Square. Cet établissement aux murs recouverts de panneaux de bois, et privé d'ascenseur, propose 44 chambres simples mais propres, les meilleures se trouvant à l'étage supérieur, avec lucarnes, moquette et salle de bain privée.

Situé dans un joli quartier résidentiel paisible, en bordure de la faculté de droit de l'Université Harvard et du Lesley College, le **Margaret's Bed and Breakfast** *($$; bp/bc; 75 Wendell Street, ☎ 876-3450)* constitue un lieu d'hébergement plus intime (trois chambres) que les grands hôtels quelque peu impersonnels qui entourent le Harvard Square. Une des chambres occupe un grand grenier rénové et bien éclairé qui dispose d'une salle de bain privée. Les deux autres partagent une salle de bain commune.

À l'époque où Cambridge était une zone agricole, le **Mary Prentiss Inn** *($$-$$$; bp; 6 Prentiss Street, ☎ 661-2929, ≈ 661-5989)*, une construction néoclassique de 1843, était une propriété terrienne. Aujourd'hui, il se retrouve au cœur de l'urbaine Cambridge, entre les secteurs commerciaux du Porter Square et du Harvard Square. Les 18 chambres se révèlent spacieuses, et plusieurs d'entre elles comportent de hauts plafonds, un foyer et un lit à quatre colonnes. Toutes disposent d'une salle de bain privée.

Un lieu d'hébergement relativement peu onéreux, quoique tout à fait convenable, de Cambridge est la **Harvard Manor House** *($$$; 110 Mount Auburn Street, ☎ 864-5200 ou 1-800-458-5886, ≠ 864-2409)*. Même si certaines de ses 72 chambres sont assez petites, cet hôtel privé vous propose de jolis «nids» pourvus de meubles contemporains et de couvre-lits à motifs floraux.

Bien qu'assez éloigné du Harvard Square, un gîte tout à fait particulier s'offre également à vous : **A Cambridge House** *($$$-$$$$ pdj; 2218 Massachusetts Avenue, ☎ 491-6300 ou 1-800-232-9989, ≠ 868-2848)*. Il s'agit d'une résidence privée construite en 1892, avec un large porche encadré de colonnes, et classée monument historique. Magnifiquement restaurés et richement décorés de tissus à motifs floraux, de papiers peints imprimés, d'antiquités et de tapis orientaux, sa salle de séjour, son petit salon et sa salle à manger offrent un décor luxueux à la clientèle. Chacune des 16 chambres pourvues de meubles d'époque revêt un cachet individuel. Celle qu'on nous a fait voir révélait un lit à baldaquin recouvert d'un édredon en dentelle, de même qu'un foyer.

Le **Charles Hotel** *($$$$; bp, tv, ☎, ⊛, ⊖, △, ℜ; 1 Bennett Street, à l'angle d'Eliot Street, ☎ 864-1200 ou 1-800-637-7200, ≠ 864-9715)* se trouve dans un complexe réunissant une tour à bureaux et un centre commercial à quelques pas seulement du Harvard Square. Les chambres se parent de tons de gris et de bleu, avec un lit en bois tourné, une causeuse et un fauteuil, de même qu'une armoire neuve en chêne. La salle de bain, carrelée de gris, avec des comptoirs recouverts de marbre rose et gris, est équipée d'un second téléphone et d'un téléviseur. Ses installations comprennent deux restaurants, un des meilleurs bars de jazz de la ville et un centre de conditionnement physique avec bain de vapeur, sauna et cuve à remous.

La façade en gradins de forme pyramidale du **Hyatt Regency Cambridge** *($$$$; ≈, ⊛, ⊖, △, ℜ; 575 Memorial Drive, ☎ 492-1234 ou 1-800-233-1234)* donne directement sur la Charles River, et plusieurs de ses chambres offrent une vue splendide sur le profil que Boston dessine à l'horizon. Son hall, un atrium ouvert sur 14 étages, prend des allures subtropicales, avec ses roselins d'Australie nichés dans une volière de verre, sa fontaine majestueuse et sa végétation grimpante composée d'arbres et de plantes d'intérieur. Dans ce décor enchanteur, agrémenté d'une murale en trompe-l'œil représentant une villa italienne et d'un mur de verre de 30 m, des ascenseurs illuminés aux cloisons transparentes vous propulsent vers les étages supérieurs. Outre ses 469 chambres, l'hôtel compte deux restaurants, une piscine et un centre de conditionnement physique équipé d'un sauna, d'une cuve à remous et d'un bain de vapeur. Les chambres elles-mêmes de dimensions respectables sont garnies de boiseries naturelles ainsi que de tapis et meubles contemporains, alors que les salles de bain se prévalent de meubles-lavabos recouverts de marbre.

The Inn at Harvard *($$$$; 1201 Massachusetts Avenue, ☎ 491-2222 ou 1-800-222-8733)* est un nouveau venu merveilleusement bien situé à quelques rues seulement du Harvard Square. Sa dénomination d'«auberge» semble toutefois quelque peu déplacée, car il s'agit d'un hôtel de calibre supérieur (il fait même partie de la chaîne Doubletree). Qu'à cela ne tienne, il n'en a pas moins du charme, avec son magnifique atrium de quatre étages en guise de hall d'entrée, autour duquel gravitent des chambres et des mezzanines dans un style qui rappelle beaucoup celui des palais de la Renaissance. Ses 113 chambres sont joliment garnies de meubles en cerisier et d'œuvres originales du Harvard Fogg Museum.

■ **Lexington et Concord**

Si vous cherchez à vous loger à peu de frais en plein cœur de Lexington, sans doute voudrez-vous vous arrêter au **Battle Green Motor Inn** *($$; ≈; 1720 Massachusetts Avenue, ☎ et ≠ 862-6100 ou 1-800-343-0235)*. Les 96 chambres de ce motel en forme de «L», au décor colonial et aux meubles clairs, sont disposées autour de deux jardins, ornés de plantes tropicales, et d'une piscine chauffée.

Concord présente un visage plus rural et plus verdoyant que Lexington, ce qui la rend plus paisible. De plus, vous ne pouvez y séjourner sans revivre l'histoire de la région.

Le **Hawthorne Inn** *($$-$$$$; bp; 462 Lexington Road, Concord, ☎ 508-369-5610)*, érigé autour de 1870, occupe des terres ayant jadis appartenu aux Emerson, Alcott et Hawthorne, juste en face des maisons Alcott et Hawthorne. Cette auberge accueillante dispose de sept chambres, dont trois sont équipées de lits antiques à colonnes et à baldaquin, recouverts de courtepointes faites à la main; des tapis orientaux et des papiers peints à motifs coloniaux décorent ces chambres. Les salles de bain, toutes privées, sont grandes et joliment rénovées.

Le **Colonial Inn** *($$$-$$$$; ℜ; 48 Monument Square, Concord, ☎ 508-369-9200 ou 1-800-370-9200, ≈ 508-369-2170)*, qui date de 1716, se situe directement sur le *town green*. Le bâtiment original appartenait au grand-père de Thoreau, mais, des 47 chambres disponibles, quelques-unes seulement sont situées dans l'auberge historique. Trente-deux autres, confortables mais sans caractère, font en effet partie d'une aile plus récente, ajoutée au bâtiment principal en 1961. Les chambres de l'auberge à proprement parler, avec leur parquet à larges planches, leurs poutres équarries à la main et leur lit à colonnes, sont, pour leur part, plus spacieuses et plus empreintes du passé historique de la région. L'auberge abrite également deux tavernes rustiques et un restaurant, qui compte cinq salles à manger.

RESTAURANTS

Les établissements de chaque quartier de Boston sont présentés par ordre de prix, du moins cher au plus cher, pour un repas complet pour une personne sans vin. Les moins chers *($)* sont généralement en deçà de 8 $US; l'ambiance y est informelle, le service s'avère rapide, et ils sont fréquentés par les gens du coin. La catégorie moyenne *($$)* se situe entre 8 $US et 16 $US; l'ambiance y est déjà plus détendue, le menu plus varié et le rythme plus lent. La catégorie supérieure *($$$)* oscille entre 16 $US et 24 $US; la cuisine y est simple ou recherchée, mais le décor se veut plus agréable et le service, plus personnalisé. Puis il y a les restaurants de grand luxe *($$$$)*, où les prix débutent à 24 $US; ces endroits sont souvent pour les gourmets, la cuisine y devient un art, et le service se révèle toujours impeccable.

North End

Le North End est le quartier italien de Boston. Vous pourrez vous régaler de *pastas* et de plats régionaux dans ses moindres recoins, que ce soit dans un petit bistro, dans un chic restaurant ouaté ou dans un bar nocturne où l'on sert des cafés express. Quoi qu'il en soit, c'est ici que vous ferez certaines des plus intéressantes découvertes gastronomiques de la ville, et à des prix souvent très modérés.

Le **Café Vittoria** *($; 269 Hanover Street,* ☎ *227-7606)* se présente comme le plus coloré de tous les cafés express. Il fait si Vieux Continent qu'on le dirait importé tout droit d'Italie. Une ancienne et fort imposante cafetière à pression orne la vitrine, et l'atmosphère est rehaussée de treillis, de planchers de marbre et d'une murale dépeignant la côte italienne. C'est l'endroit tout indiqué pour déguster un express, une liqueur italienne ou un cappucino tardif accompagné de *gelato* ou de *cannoli*.

À **La Famiglia** *($; 112 Salem Street,* ☎ *367-6711)*, les portions sont si gargantuesques et les prix si lilliputiens que vous n'en croirez pas vos yeux. Les gens du coin, quant à eux, en sont visiblement convaincus, car c'est en foule qu'ils envahissent chaque soir le tumultueux local pour s'y gaver de spaghetti aux boulettes de viande, de lasagne, de *linguine* à la sauce aux palourdes et d'autres pâtes savoureuses. Ainsi que son nom le suggère en italien, il s'agit d'un petit établissement familial au décor modeste et à l'éclairage peu discret; vous pourrez même emporter vos restes.

Les habitués du quartier se retrouvent volontiers au **Pat's Pushcart Restaurant** *($-$$; 61 Endicott Street,* ☎ *523-9616)*, qui se spécialise dans les mets du nord de l'Italie et qui ne lésine pas sur la «sauce rouge». Simple et informel, il offre une atmosphère qui invite à la conversation. Le seul égard pour la décoration s'y traduit par les nappes rouges qui recouvrent les tables; mais personne n'en fait de cas, dans la mesure où l'on peut y savourer un succulent bœuf *braciolettini sorrento* ou un spaghetti marinara à des prix défiant toute concurrence. Dîners seulement. Pat's ferme tout le mois de juillet.

Le **Restaurant Pomodoro** *($$; 319 Hanover Street,* ☎ *367-4348)* ne paie peut-être pas de mine, mais il saura vous combler avec ses délicieux plats servis en portions généreuses, comme la salade aux légumes grillés et le risotto aux saucisses d'agneau.

On ne sert que de la pizza à la **Pizzeria Regina** *($$; 11½ Thatcher Street,* ☎ *227-0765)*, et cela semble tout à fait convenir à la clientèle fidèle qui se presse à sa porte au déjeuner et au dîner, prête à attendre le temps qu'il faut qu'une table se libère à l'intérieur. Une fois arrivé dans la salle, vous prendrez place sur des bancs à haut dossier autour de longues tables en bois lourd et usé pour déguster, pointe après pointe, une pizza accompagnée d'un pichet de bière, de boisson gazeuse ou de vin blanc maison. Quant au service, il se révèle rapide, sinon parfois un peu brusque, comme d'ailleurs un peu partout dans le North End.

Le **Mamma Maria's Ristorante** *($$-$$$; 3 North Square, ☎ 523-0077)* est la reine incontestée des tables de gourmet du North End. Ayant acquis une réputation enviable, ce restaurant a élu domicile dans une luxueuse maison de ville parée de lustres en laiton, de glaces et de revêtements muraux pêche et gris. À l'étage, un atrium surplombe la petite maison de Paul Revere. Le menu du Mamma Maria se distingue par l'absence de sauce rouge, que remplacent des spécialités de la Toscane et du Piedmont, plus légères et davantage agrémentées de sauces coulantes, telle cette dorade grillée posée sur un lit de pistou garni de homard et de légumes nains.

Si vous n'avez pas eu l'occasion de visiter la chapelle Sixtine, vous pouvez au moins en contempler les fresques sublimes, reproduites au plafond du **Lucia's** *($$-$$$; 415 Hanover Street, ☎ 367-2353)*. Les étudiants en art en restent bouche bée, et les critiques ne tarissent plus d'éloges. De plus, d'autres fresques tout aussi impressionnantes illustrent le voyage de Marco Polo en Chine ainsi que la Dernière Cène avec les 12 apôtres. Le chef, originaire des Abruzzes, apprête des mets de toutes les régions de l'Italie, des plus légers aux plus consistants; il en a pour tous les goûts. Nous vous recommandons tout particulièrement son *pollo all'Arrabbiata* et son *maccheroni all'Arrabbiata* (poulet et macaroni à la sauce piquante).

Le **Café Paradiso** *($$-$$$; 255 Hanover Street, ☎ 742-1768)* est le lieu de prédilection des résidants de souche italienne. À l'étage inférieur se trouve un bar express garni de plantes suspendues, de glaces et de boîtes à gâteau italiennes fort colorées. Le *spumoni* est fait à la main, et *gelati* (crèmes glacées) et *granite* (sorbets) sont toujours fraîchement barattés. L'étage supérieur abrite une salle à manger de la taille d'un timbre-poste, nappée de blanc et servant des plats du nord, du centre et du sud de l'Italie. La spécialité de la maison est le

Paradiso, composé de veau, de poulet ou de crevettes cuites au four, avec des champignons, du vin, du beurre, du prosciutto et de la mozzarella.

Le **Nicole's Ristorante** *($$-$$$; 54 Salem Street, ☎ 742-6999)* est un établissement tout de rose habillé qui abrite une élégante salle à manger aux allures de bistro. On y sert de délicieux plats du nord de l'Italie, et le veau est une des spécialités de la maison.

Le principal attrait du **Michael's Waterfront** *($$-$$$; 85 Atlantic Avenue, ☎ 367-6425)* réside dans sa cave à vins, incontestablement l'une des meilleures de la ville. Le décor allie le style d'un bar verdoyant des années quatre-vingt-dix à celui d'une bibliothèque, et l'on encourage les clients à feuilleter les livres, et même à les emprunter. La qualité des repas varie toutefois; les plats de viande se révèlent en général excellents, mais les fruits de mer peuvent parfois laisser à désirer.

Centre-ville

Le choix est ici très varié, depuis les bastions de la tradition *yankee* jusqu'aux vivants cafés-terrasses et aux restaurants ethniques peu coûteux.

Vous préférez vous en tirer à bon compte? Alors rendez-vous au **Milk Street Café** *($; 50 Milk Street, ☎ 542-3663)*. Cette confortable cafétéria du Financial District sert des plats maison parmi les meilleurs et les moins chers en ville, qu'il s'agisse de soupes, de sandwichs, de salades, de muffins, de pains ou, bien entendu, de desserts, comme le fameux gâteau sablé aux fraises. Petit déjeuner et déjeuner seulement.

Le **Haymarket Pizza** *($; 106 Blackstone Street, ☎ 723-8585)* donne directement sur le Haymarket, un marché public en plein air ouvert toutes les fins de semaine; cependant, la foule qui se presse sur les lieux rend l'accès au restaurant quelque peu difficile. Mais si vous relevez le défi, vous y découvrirez une des meilleures pizzas à bas prix de tout Boston.

Le meilleur restaurant de fruits de mer du minuscule quartier chinois est le **Chau Chow** *($; 52 Beach Street, ☎ 426-6266)*.

Son décor minimaliste fait davantage songer à une cafétéria, et son personnel, quoique bien intentionné, ne parle pratiquement pas l'anglais, mais les Bostoniens de toute souche font fi de ces désagréments et attendent longtemps en file pour savourer les fabuleuses crevettes, le crabe, le loup de mer et les autres délices qu'on sert ici.

Cinq comptoirs de commandes à emporter avec cuisine à aire ouverte entourent un groupe de tables au **Chinatown Eatery** *($; 11 h à 14 h; 44 Beach Street, au premier étage)*, où règne une atmosphère aussi chaotique que dans un marché de Hong Kong. Les menus, suspendus au mur, sont rédigés à la main aussi bien en chinois qu'en anglais, et la clientèle y est essentiellement asiatique. Au total, ces comptoirs vous proposent environ 400 plats traditionnels différents, aussi bien du Sichuan que du Hunan, de Pékin ou de Canton.

Le **Blue Diner** *($-$$; 178 Kneeland Street, ☎ 338-4639)*, avec ses fluorescents, ses chromes et son *juke-box*, est un véritable casse-croûte à l'ancienne en plein cœur de Boston. En plus de ses omelettes, de ses épaisses crêpes, de ses œufs à la crème new-yorkaise et de ses *wets* (frites maison baignant dans une sauce abondante), le Blue Diner est un des derniers endroits de l'Amérique urbaine où vous pouvez encore faire remplir votre tasse de café à volonté.

Le **Commonwealth Brewing Co.** *($-$$; 138 Portland Street, ☎ 523-8383)* brasse sa propre bière dans le sous-sol de l'immeuble qu'il occupe et en sert 10 variétés en fût. La salle à manger, occupant un vaste hall aux murs bordés de cuves en cuivre, de tonneaux de bière, de tables recouvertes de cuivre et d'un bar à rampe de laiton, attire de nombreux amateurs de sport à la sortie du FleetCenter, qui se trouve tout près. Des murs vitrés vous permettent d'observer la fabrication de la bière (visite possible les fins de semaine), et vous pouvez y manger des plats copieux tels que bœuf haché aux haricots rouges et aux piments (alerte rouge!), bifteck ou poisson frit avec frites.

À l'**Imperial Teahouse** *($-$$; 70 Beach Street, ☎ 426-8543)*, un portique dans le plus pur style chinois accueille les visiteurs. Situé en plein cœur du Chinatown, le restaurant est décoré de lanternes chinoises et de dragons dorés. Réputé pour son *dim sum* (brunch à la chinoise), il sert en outre de la cuisine mandarine appréciée par une foule de résidants.

La majorité des touristes passent devant la **Marshall House** *($$; 15 Union Street,* ☎ *523-9396)* en se rendant à la pittoresque Union Oyster House, la fameuse hostellerie qui se trouve un peu plus loin sur la même rue (voir p ci-dessus). Les gens du coin préfèrent toutefois cet établissement moins bondé et moins coûteux dans ce dédale de rues pavées et de trottoirs en brique. Les copieuses portions de soupe épaisse, de poisson-frites, de hamburgers et de bière bien froide y sont toutes excellentes et servies par un personnel amical au fort accent de «Bahston». Déjeuner et dîner seulement.

Le **Bnu** *($$; 123 Stuart Street,* ☎ *367-8405)*, avec ses vignes grimpantes, ses ruines en trompe-l'œil et son plafond constellé d'étoiles, vous donnera l'impression de manger en Italie par un beau soir de lune. Situé à proximité du quartier du spectacle, ce petit restaurant est renommé pour sa cuisine italo-californienne, incluant *pastas*, poulet et fruits de mer.

Le décor somptueux de l'**Essex Grill** *($$; 695 Atlantic Avenue,* ☎ *439-3599)* rappelle l'époque où l'immeuble abritait un opulent hôtel. Des colonnes richement ornées, des sièges moelleux et un bar d'acajou rutilant décorent le hall, alors que la salle à manger est un chef-d'œuvre de désign contemporain. Cette grilladerie en vogue, qui fait désormais partie d'un complexe à bureaux, se spécialise dans les plats de fruits de mer et le poisson, comme les pétoncles sautés et le saumon grillé.

Au **Ho Yuen Ting Seafood Restaurant** *($$; 13-A Hudson Street,* ☎ *426-2316; 58 Beach Street,* ☎ *426-2341)*, le décor et le service sans façon ne réduisent en rien la qualité exceptionnelle des plats de fruits de mer, qu'il s'agisse de crevettes, de homard, de crabe, de palourdes, de mollusques ou d'escargots.

Bruyant et chaotique, le **Durgin Park** *($$-$$$; 340 North Market, Faneuil Hall,* ☎ *227-2038)* est légendaire pour le manque de manières de ses serveuses et ses tables de style réfectoire recouvertes de nappes à carreaux rouges et blancs. Fondé en 1827, il est une véritable institution locale. On y sert des repas costauds et consistants, typiquement *yankees*, comme des côtes de bœuf, du bœuf salé au chou, des saucisses accompagnées de haricots, du pain de maïs et de l'*Indian pudding* (sorte de flan épicé à la farine de maïs, au lait et à la mélasse).

Si vous recherchez une ambiance historique, rien ne vaut l'**Union Oyster House** *($$-$$$; 41 Union Street, ☎ 227-2750)*. De magasin de marchandises sèches en 1742, cet endroit devint en 1775 un des creusets de la Révolution. Le restaurant est établi depuis 1826, et Daniel Webster lui-même aimait engloutir des huîtres à son bar en «U», d'ailleurs toujours debout. Les murs lambrissés des nombreuses salles à manger de l'établissement sont bordés d'alcôves garnies de banquettes de bois et de tables en bois nues. Des modèles réduits de navires, un bar en acajou et d'anciennes charrettes à bras complètent le décor de l'établissement, informel et tapageur. Au menu : des fruits de mers, des soupes de poisson et d'autres plats typiques de la côte de la Nouvelle-Angleterre.

Avec ses grandes portes lettrées d'or, le **Tatsukichi** *($$-$$$; 189 State Street, ☎ 720-2468)* ressemble à un consulat étranger, et son menu est tout aussi impressionnant : près de 50 variétés de sushis, sans compter la célèbre spécialité de la maison, le *kushiage* (brochettes de viandes et de fruits de mer panés puis frits). Vous avez le choix d'y manger à la japonaise, dans de petites pièces de bois clair rehaussé de beige et garnies de tatamis, ou encore à l'occidentale.

Le **Rocco's** *($$-$$$; 5 Charles Street South, ☎ 723-6800)*, dont le décor est digne des grandes scènes de théâtre, se présente comme une joyeuse caricature du style rococo : plafonds de 8 m, immenses pans de rideaux et fresques de chérubins. Des sculptures en forme de porcs, de poissons et de toucans ornent également les tables (vous pouvez d'ailleurs les acheter). Son menu italien inclut du veau farci *saltimbocca*, des crevettes, des langoustines et le gâteau au poisson Rocco.

L'**Art Zone** *($$-$$$; 150 Kneeland Street, ☎ 695-0087)*, qui a pour tables des boîtes cubiques contenant chacune une œuvre d'un artiste local et recouvertes de plaques de verre, s'impose comme un des restaurants les plus inusités de Boston. Vous vous prendrez à déplacer votre assiette et vos ustensiles pour mieux admirer le contenu original de votre table, qu'il s'agisse de *flippers* pour le moins curieux, d'extraits de lettres d'amour ou de sections d'anciens masques d'Halloween. Le menu se compose principalement de grillades, mais propose aussi des mets des États du Sud, comme le *pulled pork*, le poisson-chat et l'okra frit. Ne manquez surtout pas les magnifiques tables-boîtes disposées le long du bar, car elles renferment certains des plus beaux arrangements de coquillages que nous ayons jamais vus.

Le **Las Brisas** *($$-$$$; 70 East India Row, ☎ 720-1820)*, éclaboussé de lumière, de verre et de laiton, est sans aucun doute un des plus reluisants restaurants mexicains à la ronde. *Fajitas*, *nachos* et soupe de haricots, ainsi que des spécialités comme le *pollo à la Oscar*, les médaillons de veau et les grillades sur charbon de bois, composent le menu.

Le **Boston Sail Loft** *($$-$$$; 80 Atlantic Avenue, ☎ 227-7280)* se profile jusqu'aux quais, offrant à ses clients une vue panoramique fort impressionnante. Vous pouvez y manger des pommes de terre farcies, parmi les meilleures en ville, ainsi que des hamburgers, des sandwichs, des pâtes et des plats de poisson, le tout dans une atmosphère maritime.

Le **Cecil's Caribe** *($$-$$$; 129 South Street, ☎ 542-5108)* se présente comme un restaurant chaleureux au décor joyeusement inspiré des Caraïbes, que vous apprécierez tout particulièrement à l'heure du déjeuner par une de ces journées d'hiver froides et humides typiques de Boston. Le menu est d'ailleurs tout aussi gai et ensoleillé puisqu'il porte sur une foule de mets mexicains et sud-américains qui vont bien au-delà des *tacos* et des *quesadillas*.

Le **Cornucopia** *($$-$$$; 100 Atlantic Avenue, ☎ 367-0300)*, qui offre une vue somptueuse sur l'eau et la ville, propose une nouvelle cuisine américaine innovatrice. Parmi ses spécialités, retenons le poulet grillé farci de pain de maïs, le homard au four accompagné d'*enchilada* aux légumes à la mode du Sud-Ouest, et la poitrine de canard rôtie à la poêle et servie avec du riz sauvage et des kumquats. En saison, on sert également le déjeuner et le dîner au café-terrasse.

Au **Biba** *($$$-$$$$; 272 Boylston Street, ☎ 426-7878)*, un escalier gardé par une balustrade rouge vif vous entraîne vers la plus fascinante aventure culinaire que Boston puisse vous offrir. Son chef, Lydia Shire, ne redoute en effet nullement de composer ses menus en s'inspirant de plusieurs traditions culinaires, qu'elles soient chinoises, françaises, italiennes ou indiennes. Que diriez-vous, par exemple, d'un *satay* de homard garni de papaye verte et de menthe givrée, ou de côtes «levées» assaisonnées de cumin et de coriandre? Quoi qu'il en soit, il en résulte toujours un savant mariage que vous ne retrouverez probablement nulle part ailleurs. La salle à manger en soi est elle-même un véritable festin pour les yeux, parée de teintes riches et d'ornements méditerranéens à caractère primitif qui donnent du relief à ses murs blonds. Le menu est saisonnier.

Le **Dakota's** *($$$-$$$$; 34 Summer Street, au niveau du hall,* ☎ *737-1777)* dispose de tout un éventail de grillades sur charbon de bois, parmi lesquelles du crabe en croûte et du saumon de l'Atlantique. Le menu est truffé de fruits de mer, de gibier et de viandes communes. Le décor est entièrement rehaussé d'un magnifique granit acajou provenant du Dakota.

Dans une splendeur effacée, bien au-delà du tumulte des foules qui hantent le Quincy Market, se dresse le **Seasons** *($$$-$$$$; 9 Blackstone Street North, Faneuil Hall, dans l'enceinte du Bostonian Hotel voir p 129,* ☎ *523-4119)*, reconnu comme un des meilleurs restaurants de Boston. Ses tables largement espacées, ses nappes d'un blanc immaculé, sa porcelaine cerclée d'or, ses banquettes moka et ses plafonds à miroirs ne font qu'ajouter à son prestige. Son menu néo-américain témoigne d'une grande créativité et varie selon les saisons, vous proposant tantôt des cailles rissolées et accompagnées de saucisse et de polenta, tantôt des anges de mer grillés et servis avec de la laitance de homard.

La salle à manger du **Rowes Wharf Restaurant** *($$$-$$$$; 70 Rowes Wharf, dans l'enceinte du Boston Harbor Hotel voir p 128,* ☎ *439-3995)* trahit visiblement ses origines. Ses lumières tamisées révèlent en effet un amalgame de panneaux d'acajou, de tapis bleu nuit à motifs floraux, d'appliques murales aux abat-jour de rose vêtus et de lithographies anciennes illustrant des scènes portuaires anglaises. Ses larges fenêtres dominent Boston Harbor, et son menu se compose de spécialités de viandes et de fruits de mer finement apprêtés.

Le **Chart House** *($$$-$$$$; 60 Long Wharf,* ☎ *227-1576)* fait partie des restaurants les plus historiques de Boston. Établi sur un quai recouvert de pavés, le Long Wharf, il a été construit en 1760 et servit autrefois d'intendance à John Hancock. Son coffre-fort de fer noir est d'ailleurs toujours encastré dans le mur de la salle à manger qui se trouve à l'étage supérieur. Le décor est tout entier voué à la marine, avec des illustrations de navires en noir et blanc encadrées de métal doré et des modèles réduits de bateaux. Célèbre pour son *mud pie* (sorte de pâté rappelant ceux que les enfants font sur la plage, composé de crème glacée au café, aromatisée ou non de brandy ou de sherry, et recouverte de sauce fondante au chocolat et de crème fouettée, généralement sur un fond de tarte au chocolat), le Chart House sert également de copieux biftecks et plats de fruits de mer. Dîner seulement.

Le **Julien** *($$$$; 250 Franklin Street, dans l'enceinte de l'Hôtel Méridien voir p 127, ☎ 451-1900)* est à la fois vif et élégant, avec ses plafonds roses d'une hauteur impossible et ses majestueux lustres de cristal. Des fauteuils à oreillettes et de hautes banquettes roses y protègent votre intimité, tandis que des lampes de table tamisées y diffusent une douce et romantique lueur. Lorsque le serveur retirera le couvercle d'argent qui recouvre votre assiette en s'exclamant «Voilà!», vous ne pourrez vous empêcher de constater que c'est une main légère, mais non moins vibrante, qui a assuré la préparation des sauces. Le menu, qui varie selon les saisons, met l'accent sur les spécialités de la région et propose par exemple un canardeau du Long Island, accompagné de xanthorrhizes à feuilles de persil, ou un homard grillé du Maine, assorti de citron, d'herbes fines, de beurre et d'un soufflé aux champignons.

Si vous optez pour l'**Aujourd'hui** *($$$$; 200 Boylston Street, dans l'enceinte du Four Seasons Hotel, ☎ 451-1392)*, assurez-vous d'obtenir une table en bordure d'une fenêtre, de façon à pouvoir contempler à votre aise le Public Garden. Des plateaux de service antiques aux motifs exclusifs sont disposés sur les tables, complétant un décor de tableaux anciens et un étalage de porcelaines. Le menu, typiquement régional, foisonne de gibier, de volailles et de fruits de mer; vous y trouverez même des suggestions à faible teneur en cholestérol. À 100 m du quartier du spectacle, il constitue un excellent choix pour un repas de fin de soirée.

Beacon Hill

Le **Café Bella Vista** *($; 30 Charles Street, ☎ 720-4505)* est un excellent café-restaurant où vous pouvez tranquillement siroter un express ou un cappuccino dans une accueillante atmosphère européenne. Ses chaises de bistro sont le plus souvent prises d'assaut par de jeunes étudiants dévorant de plantureux sandwichs italiens et des soupes maison. Sur le plan des spécialités, notons les *gelati* faites sur place et les desserts, comme le gâteau aux grains de café et le gâteau aux grains de cacao.

Campé sur un îlot ceinturé d'un boulevard circulaire bourdonnant de circulation, le **Buzzy's Fabulous Roast Beef** *($; 327 Cambridge Street, ☎ 523-4896)* n'est décidément pas très attrayant de prime abord. Et pourtant ce comptoir de commandes à emporter, ouvert jusqu'à 5 h du matin, peut se vanter de servir les meilleures frites de grilladerie de tout Boston, sans compter ses croque-monsieur, ses hot-dogs chili et ses côtes «levées». Le menu, rédigé à la main, dénote même un certain sens artistique avec ses caricatures de John Wayne, de Benjamin Franklin et de Rocky Balboa.

Au **The King and I** *($-$$; 145 Charles Street, ☎ 227-3320)*, l'excellent menu thaïlandais, par ailleurs épicé, vole la vedette au décor. Commencez par des rouleaux impériaux et un *satay* pour ensuite passer aux calmars frétillants, aux *panangs* de fruits de mer ou à l'un des nombreux plats de poulet, de canard, de bœuf, de tofu ou de nouilles.

S'il est un endroit où vous ne vous attendez pas à trouver de la haute cuisine à prix modéré, c'est bien à Beacon Hill. Et pourtant il y a le **Rebecca's Restaurant** *($$; 21 Charles Street, ☎ 742-9747)*, un formidable restaurant de quartier au menu néo-américain. Ses petites tables de bois et ses banquettes sont toujours pleines de gens du coin venus délecter leurs papilles de saumon grillé et garni de purée de courge musquée, ou d'escalopes de veau assaisonnées de sauge et de fromage parmesan et servies avec du *prosciutto*. L'atmosphère y est tout à fait décontractée, et vous pouvez aussi bien vous présenter en tenue habillée qu'en vêtements sport.

À deux pas du Capitole, **The Black Goose** *($$-$$$; 21 Beacon Street, ☎ 720-4500)* se spécialise dans la cuisine provinciale italienne. Résistez à la tentation de vous gaver de *focaccia*, un pain maison léger mais consistant, et de *caprese*, composé d'un monceau de tomates bien juteuses, garnies de mozzarella et de basilic; vous voudrez en effet vous garder de la place pour les plats principaux, couvrant tout un assortiment de *pastas* ainsi que de viandes et de poissons grillés, dont les linguine *basilico*, le poulet *franco* et le veau au citron et à la sauce. Une touche contemporaine relève le décor de la salle à manger, qui faisait jadis partie d'un hôtel historique.

L'**Another Season** *($$$; 97 Mount Vernon Street, ☎ 367-0880)*, un rendez-vous romantique en sous-sol, se pare de murales dépeignant des gentilhommes en haut-de-forme et des dames élégamment vêtues qui font revivre la Belle Époque parisienne. Le menu est peu diversifié mais soigneusement sélectionné, incluant un bœuf Bourbon, un saumon Dana et un poulet au chèvre. Parmi les desserts : un gâteau au fromage à l'abricot et un gâteau au chocolat suisse préparé sans farine.

Payez-vous le luxe d'une visite dans un village de Toscane au **Ristorante Toscano** *($$$-$$$$; 41 Charles Street, ☎ 723-4090)*, dont la salle à manger aux murs de briques apparentes est couverte de tableaux dépeignant la campagne italienne. Vous vous y régalerez de cuisine florentine, incluant des pâtes fraîches et des plats de gibier. Aussi, parmi les desserts, ne ratez surtout pas l'exceptionnel *tiramisu*.

Plusieurs restaurants ethniques côtoient également les chic boutiques de Charles Street.

Back Bay

Même s'il ne ressemble pas plus à un bistro parisien qu'un vulgaire McDonald, le **Café de Paris** *($; 19 Arlington Street, ☎ 247-7121)* vous offre davantage qu'un McDonald : croissants, omelettes et crêpes, sans oublier le meilleur sandwich au poulet de toute la ville. Service de style cafétéria.

Si votre expérience des mets asiatiques se limite à peu de chose près au riz frit au poulet, le **Wild Ginger Bistro** *($-$$; 95 Massachusetts Avenue, ☎ 267-2868)* constitue un endroit amusant pour élargir votre éventail. Les cuisines thaïlandaise, coréenne, chinoise et japonaise se marient en effet de façon surprenante dans ce petit café-restaurant aux prétentions quelque peu élégantes, sans pour autant être le moins du monde huppé.

Le **Kebab n' Kurry** *($$; 30 Massachusetts Avenue, ☎ 536-9835)* se présente comme un charmant petit restaurant en sous-sol d'où s'échappent des parfums d'épices indiennes. Les tables sont nappées de rose et recouvertes d'écharpes en soie brodées d'éléphants et de motifs de chasse au lion, protégées par un revêtement de verre. Les plats de poulet, d'agneau, de poisson et de crevettes au cari sont tous préparés selon les plus pures traditions du nord et du sud de l'Inde, ainsi que de Bombay.

Si vous ne jurez que par les currys indiens et que la personne qui vous accompagne ne partage pas votre goût de l'aventure, essayez le petit **Bombay Café** *($$; 175 Massachusetts Avenue, ☎ 247-0555)*. Vous y trouverez suffisamment de plats épicés pour combler vos papilles gustatives, tandis que votre compagne ou votre compagnon pourra se rabattre sur des choix moins agressifs tels que le *nan* fourré ou le poulet *tikka*.

Baigné de rose et de crème, et doté d'un toit «cathédrale», le **Back Bay Bistro** *($$-$$$; 565 Boylston Street, ☎ 536-4477)* affiche une élégante simplicité. Parmi les sélections au menu, notons le poulet rôti à l'ail. En été, ses chaises et tables de café se transportent à l'extérieur pour mieux profiter de la saison.

Le **Skipjack's Seafood Emporium** *($$-$$$; 199 Clarendon Street, ☎ 536-3500)* se targue d'un des menus de fruits de mer les plus variés de Boston, avec les deux douzaines d'espèces de poissons frais qu'il reçoit tous les jours, parmi lesquels le thon, la truite et le saumon, mais aussi des espèces plus rares, comme le brosme, la scare et l'opakapaka. Son décor de blocs de verre et de fluorescents rouges et bleus, où des artistes locaux exposent en outre à tour de rôle, n'a d'ailleurs lui-même rien d'ordinaire.

Pourvu d'un plafond à poutres apparentes arborant un ciel bleu parcouru d'oiseaux, le **Small Planet Bar and Grill** *($$-$$$; 565 Boylston Street, ☎ 536-4477)* laisse transpirer une élégante simplicité. Menu, entre autres, de paella, de pâtes et de plats sautés. Les chaises et les tables de ce café se déplacent commodément à l'extérieur au cour de la saison estivale.

Le **Café Promenade** *($$-$$$; 120 Huntington Avenue, dans l'enceinte du Colonnade Hotel voir p 133, ☎ 424-7000)* offre larges fenêtres qui donnent une impression particulièrement intéressante d'espace et de lumière. Son décor vert, rose et blanc se pare de chaises à dossier canné et de parterres de fleurs fraîches. On propose une cuisine continentale de biftecks, de fruits de mer et de sandwichs. Petit déjeuner, déjeuner et dîner, ainsi que brunch le dimanche.

Le **Mr. Leung's** *($$$; 545 Boylston Street, ☎ 236-4040)* se spécialise dans les mets chinois haut de gamme servis dans un décor unique, avec sa petite salle à manger formelle que son plafond noir constellé d'ampoules fait plutôt ressembler à une piste de danse. Les cuisines cantonaise et sichuanaise y sont à l'honneur.

Tout le gratin de Boston se retrouve chez **Davio's** *($$$; 269 Newbury Street, ☎ 262-4810)*, un restaurant italien de grand style qui a beaucoup de panache et où le service est impeccable. Ses murs en brique, ses nappes blanches et ses lampes à huile projettent une image d'intimité tout à fait propice à la création de chefs-d'œuvre culinaires tels que l'*anatra estiva* (canard grillé sauce au thym et au vinaigre balsamique, accompagné de patates douces frites en rondelles) et le *pollo arrosto con arrugola* (poulet rôti arrosé d'une sauce au vin blanc et garni de saucisses maison, de pignons de pin et de roquettes).

Le **Pignoli** *($$$; 79 Park Plaza, ☎ 338-7500)*, une autre création fabuleuse de Lydia Shire (la chef cuisinière du Biba), fait davantage songer à un chic restaurant de New York qu'à un modeste établissement de Boston. Si la salle à manger principale n'avait pas été conçue de façon aussi soigneuse, les énormes ballons de papier qui flottent ici et là au plafond auraient pu vous rendre claustrophobes. Mais tel n'est pas le cas, puisque le doux éclairage rose-orangé et le mobilier léger donnent l'illusion d'un espace accru, et les fioritures en tire-bouchon qui parsèment capricieusement le décor ne font qu'ajouter à cette impression de légèreté. Quant au menu, il se révèle tout aussi amusant que finement ficelé. D'inspiration franchement italienne, il propose des *antipasti* plus riches en fruits de mer qu'en légumes, et de délectables plats de viande.

Le **Sonsie** *($$$; 327 Newbury Street, ☎ 351-2500)* est bondé et bruyant à l'heure du déjeuner et du dîner, mais sa chic clientèle fait plaisir à voir, et la nourriture n'est pas mal non plus. Il faut toutefois noter que les prix sont un peu gonflés, et ceux qui surveillent leur budget de près feraient bien de s'en tenir aux entrées, pour ensuite prendre leur plat principal ailleurs, sur Mass Avenue par exemple, au bout de Newbury Street.

Le **Café Budapest** *($$$-$$$$; 90 Exeter Street, ☎ 734-3388)* est le seul restaurant hongrois de Boston. Avec son pianiste et son violoniste, ses lustres de cristal, ses fenêtres carrelées de plomb et sa cheminée surmontée d'armoiries, il vous plonge aussitôt dans l'atmosphère de la Vieille Europe romantique. En guise d'entrée, essayez la soupe aux cerises glacées ou les champignons sauvages sauce paprika; poursuivez avec le *wienerschnitzel* à la Holstein, le *sauerbraten*, le goulasch ou le bœuf Stroganoff, et terminez avec un strudel aux pommes ou aux cerises.

Le **Ritz-Carlton Dining Room** *($$$$; 15 Arlington Street, ☎ 536-5700)* se présente comme un des restaurants les plus paisibles et les plus traditionnels de Boston. Surplombant le Public Garden, ce haut lieu de l'élégance se pare de lustres de cristal hollandais bleu de cobalt, de meubles de style provincial français, de rideaux à frange et de vases de table en forme de cygnes, en l'honneur des Swan Boats. Son menu continental change chaque jour et peut inclure des plats aussi alléchants que le homard sauce Bourbon et la sole de Douvres entière sautée aux pignons de pin et au beurre de citron, ainsi que des venaisons et du faisan. Quant à la carte des desserts, elle vous en propose tout près de 20, du bavarois à l'orange aux crêpes Suzette flambées.

Fenway

Le **Buteco** *($-$$; 130 Jersey Street, ☎ 247-9508)* est si décontracté et respire tellement le Brésil que vous ne seriez qu'à demi étonné d'y voir surgir la «fille d'Ipanéma». Les murs blancs sont en effet couverts de photographies encadrées du Brésil, et une douce musique de guitare brésilienne accompagne vos pensées, alors que de simples toiles cirées recouvrent les tables ornées de fraîches primevères jaunes. À noter sur le menu : le pittoresque *feijoada*, le mets national du Brésil, une sorte de ragoût de haricots noirs, de porc, de saucisse et de bœuf séché, servi avec du riz (servi les fins de semaine seulement). Nous vous recommandons également les soupes et desserts maison, dont la crème caramel et le beurre de goyave.

Le **Bangkok Cuisine** *($-$$; 177-A Massachusetts Avenue, ☎ 262-5377)* ressemble presque à un musée, tellement ses murs sont tapissés de cadres aux motifs thaïlandais finement ciselés de feuilles d'or, représentant tantôt un paon, tantôt des villageois entourés d'éléphants, ou encore des personnages d'appartenance bouddhiste. Un éclairage chaleureux, dans les tons orangés, et des lustres de cristal et de laiton ajoutent également à l'atmosphère exotique des lieux. Au menu : poisson frit entier, plats aigres-doux, currys, riz et nouilles.

South End

Depuis que les *yuppies* ont commencé à envahir le South End au cours des années soixante-dix et quatre-vingt, les restaurants n'ont cessé de pousser comme des champignons, des plus petits bistros aux plus chic salles à manger.

L'**Addis Red Sea Ethiopian Restaurant** *($-$$; 544 Tremont Street, ☎ 426-8727)* fut le premier restaurant éthiopien authentique d'Amérique. Si vous recherchez l'argenterie, ce n'est pas ici que vous la trouverez. Le décor est typiquement africain, avec de vraies tables en canne de jonc tressée selon des motifs géométriques clairs, des chaises basses en bois gravé et des toiles représentant des scènes de village africain. Les plateaux de nourriture qu'on vous sert occupent toute la table, et vous y retrouverez l'*injera* (pain éthiopien) servi avec du poulet, de l'agneau, du bœuf ou des mets végétariens.

Un des rendez-vous favoris des gens d'ici, lorsqu'il s'agit de prendre un repas frais et savoureux, est le **Jae's Café & Grill** *($-$$; 520 Columbus Avenue, ☎ 421-9405)*, d'ailleurs toujours bondé. Son menu santé emprunte aux cuisines d'Extrême-Orient, plus précisément de la Corée, du Japon et de la Thaïlande. Essayez le *karbi* (petites côtes de bœuf marinées et grillées), les nouilles croustillantes *pad thai* ou les nombreux choix de bouchées proposés au comptoir de sushis à l'étage inférieur. Tables à l'intérieur comme à l'extérieur en saison estivale.

Un des établissements les plus appréciés du South End au petit déjeuner et au déjeuner est le **Charlie's Sandwich Shoppe** *($-$$; 429 Columbus Avenue, ☎ 536-7669)*. Il ouvre tôt le matin et est tout indiqué pour d'excellents muffins maison, crêpes, sandwichs et hamburgers, sans oublier la convivialité, car on partage ici sa table avec d'autres clients.

Le bruyant **Saint Cloud** *($$/$$$-$$$$; 557 Tremont Street, ☎ 353-0202)* offre un décor *high-tech* dans les tons de pourpre, de noir et de gris, avec un plafond à treillis noir. Fort heureusement, le cuisinier a la main plus légère que le décorateur et vous propose un menu international composé de faisan, d'espadon grillé, de ravioli au potiron et de minestrone aux crustacés. On sert également des sandwichs, des *crostini* et divers hors-d'œuvre à prix plus modérés.

Le **Hamersley's Bistro** *($$$; 578 Tremont Street, ☎ 267-6068)*, avec sa chic salle à manger tendue de rouge, de noir et de jaune, ses tables et ses chaises de café, et ses dessins de Randy Stevens, incarne bien Paris. Vous vous y laisserez tenter par des variantes sophistiquées sur le thème des spécialités campagnardes régionales, comme les sandwichs aux champignons grillés et le poulet rôti à l'ail, au citron et au persil. Dîner seulement.

South Boston

En progressant vers l'est sur Northern Avenue, la rue se transforme en une succession de quais et d'usines de transformation de poisson, le Fish Pier. Il n'est donc pas étonnant d'y trouver une foule de restaurants spécialisés dans les produits de la mer, dont certains parmi les meilleurs de la ville.

Encore très peu connu, l'**International Food Pavilion** *($; 164 Northern Avenue, au sommet du World Trade Center, ☎ 439-5000)* est un des endroits avec vue panoramique de la ville parmi les moins chers de Boston. Menus chinois, italien et américain servis style cafétéria sur des tables blanches qui dominent le port. Petit déjeuner et déjeuner.

Le **No-Name Restaurant** *($-$$; 15½ Fish Pier, ☎ 338-7539)* n'est pas seulement sans nom, mais aussi sans décor. Cet établissement est renommé pour la fraîcheur de son poisson acheté directement aux bateaux; de longues files d'attente se pressent toujours à sa porte.

Deux des plus célèbres restaurants de Boston se trouvent d'ailleurs ici, le **Jimmy's Harborside** *($$-$$$; 242 Northern Avenue, ☎ 423-1000)* et l'**Anthony's Pier 4** *($$-$$$; 140 Northern Avenue, ☎ 482-6262)*, qui se livrent depuis des décennies une lutte interminable pour le titre de la meilleure table de fruits de mer de la zone portuaire. Tous deux proposent une longue liste de poissons frais, depuis la morue bostonienne jusqu'au homard bouilli, ou encore cuit au four ou à l'étuvée, et tous deux s'enorgueillissent de fenêtres panoramiques qui s'étendent du sol au plafond et vous livrent une vue imprenable sur Boston Harbor.

Le propriétaire du Pier 4 est un immigrant albanais du nom d'Anthony Athanas, qui a débuté à Boston comme cireur de chaussures; et c'est à force de travail acharné qu'il a bâti la réputation de son établissement. C'est par contre avec un large sourire qu'il a posé aux côtés d'Elizabeth Taylor, Red Skelton, Gregory Peck et Richard Nixon, dont les photos hantent ses murs. Bien qu'il soit célèbre, Anthony a aussi ses détracteurs, qui prétendent que ses fruits de mer ne sont pas à la hauteur de sa réputation, que l'attente est trop longue, et qu'en dépit du prix élevé que doivent payer ses clients on les traite comme dans une usine. Il n'en reste pas moins qu'Anthony possède la carte de vins la plus complète de Boston, et vous avez toujours le loisir de manger à la terrasse extérieure, couverte d'auvents jaunes et encore plus près de la mer.

En ce qui nous concerne, nous avons préféré le Jimmy's, fondé en 1924 par Jimmy Doulos, un immigrant grec baptisé «le roi de la soupe au poisson», dont les premiers clients furent de simples pêcheurs; l'établissement n'était alors qu'une petite cantine comptant neuf tabourets. Depuis cette époque, John F. Kennedy, Robert Kennedy, Tip O'Neill et Bob Hope ont tous mangé dans ce restaurant et laissé leur photo dédicacée sur le mur. Le décor est naturellement maritime : bar en forme de bateau et serveurs habillés de vestes marines garnies de tresses d'or.

The Daily Catch *($$-$$$; 261 Northern Avenue, ☎ 338-3093)* s'impose comme un des pionniers de la cuisine à aire ouverte. Son menu sicilien propose plus d'une douzaine de poissons et crustacés frais de la Nouvelle-Angleterre, de même que des pâtes noires, confectionnées avec du noir de seiche. Les tables de bois nues et les napperons de papier conviennent parfaitement à l'ambiance ouvrière du Fish Pier. Le restaurant compte également deux autres succursales, une dans le North End et une à Sommerville.

Environs de Boston

■ Charlestown

La **Warren Tavern** *($$-$$$; 2 Pleasant Street, ☎ 241-8142)* date de 1780 et fut autrefois fréquenté par Paul Revere et George Washington. Il s'agit d'une petite construction à clins de bois dont l'intérieur est plutôt sombre, et de style colonial, avec un plafond traversé de poutres massives, un plancher de bois, des appliques murales à torchères d'étain perforé, des nappes en grosse dentelle et un feu de foyer. Son menu s'harmonise d'ailleurs avec son décor : biftecks, fruits de mer et bœuf haché grillé avec pommes frites. Comme dessert, la maison fabrique son propre *Indian pudding*.

■ Cambridge

East Cambridge est une véritable mine d'or en ce qui a trait aux restaurants pittoresques et ethniques, surtout le long de Cambridge Street.

L'East Coast Grill exploite également un comptoir de commandes à emporter, le **Jake & Earl's Dixie Barbecue** *($; 1273 Cambridge Street, ☎ 491-7427)*, qui propose le même menu mais à prix plus modique. Les critiques culinaires de la revue *People* ont classé cet établissement parmi les 10 meilleurs comptoirs de grillades d'Amérique, et ce n'est pas nous qui allons les contredire! Dominé par un buste d'Elvis en plastique, l'endroit est également placardé de panonceaux qui annoncent la couleur : «Les règles d'une bonne grillade», ou «Une grillade sans fumée n'est qu'une fumisterie!»

L'**Asmara** *($; 714 Massachusetts Avenue, ☎ 864-7447)* est un autre restaurant éthiopien du grand Boston, décoré de rouge, de noir et de blanc ainsi que d'objets d'art populaire africains. On y mange du poulet, de l'agneau, du bœuf, du poisson et des mets végétariens à la façon éthiopienne, soit sans fantaisie.

Le **Coffee Connection** *($; The Garage, 36 John F. Kennedy Street, ☎ 492-4881)* sert le meilleur café du grand Boston et dispose aussi de la plus grande variété de moutures; un fort arôme de grains de café fraîchement torréfiés emplit constamment le bistro, petit et intime. Thés, cacaos et pâtisseries européennes sont également à l'honneur. Les menus du petit déjeuner et du déjeuner affichent muffins, quiches, salades et sandwichs, et vous devrez le plus souvent faire la queue avant de franchir le seuil de la porte.

L'**Algiers Coffeehouse** *($; 40 Brattle Street, ☎ 492-1557)* est un des restaurants les plus bohèmes de Cambridge. Avec son plafond voûté de 15 m, ses murs de stuc blanc et ses ornements de cuivre, il ressemble à un croisement entre un palais marocain et une mosquée. Menu moyen-oriental, incluant *falafels* de lentilles et *baba ganoush*, que complètent 16 variétés de café et autres boissons chaudes, des thés, des breuvages glacés et des pâtisseries arabes.

À la **Bertucci's Brick Oven Pizzeria** *($-$$; 799 Main Street, ☎ 661-8356)*, des fours à bois en brique ont été disposés le long des murs, et vous pouvez voir votre pizza, d'ailleurs exceptionnelle, en sortir sur une palette de bois. La pâte est bien épaisse, et un choix de 20 garnitures s'offre à vous, des cœurs d'artichaut au *prosciutto* en passant par la sauce à la crème. Mais vous pouvez également commander une soupe consistante, des pâtes ou des *calzone*.

Le **Troyka** *($-$$; 1154 Massachusetts Avenue, ☎ 864-7476)* se définit comme un authentique restaurant russe. Son décor ressemble malheureusement davantage à celui d'une cantine de goulag, mais son menu paysan n'en propose pas moins des spécialités typiques, comme le *borscht*, le *piroshki*, le pâté de viande et de pommes de terre, et les boulettes (*dumplings*) à la russe. Gâteaux et meringues figurent également à la carte des desserts.

Tenu par un groupe d'immigrants londoniens, **Shay's** *($-$$; 58 John F. Kennedy Street, ☎ 864-9161)* a plus ou moins les prétentions d'un authentique pub anglais, et il propose un bon choix de bières pression américaines et anglaises, de même que des repas typiques de ce genre d'établissement, comme la tourte du berger et le déjeuner du laboureur.

En retrait de quelques rues du bourdonnant Harvard Square, le **Café Pamplona** *($-$$; 25 Arrow Street, pas de téléphone)* se présente comme un minuscule café en sous-sol qui sert des mets espagnols, des pâtisseries et du café fort. En été, on installe quelques tables à l'extérieur sur une terrasse en brique.

Il serait difficile de trouver un endroit plus sympathique que le **Casa Portugal** *($$; 1200 Cambridge Street, ☎ 491-8880)*, un des rares restaurants portugais de Boston. Son décor vous plongera dans une ambiance toute latine, avec ses lanternes de fer forgé, ses serveurs à veste rouge et ses murales populaires à la gloire des combats de taureau et des musiciens de folklore. Au menu, le *chourico*, servi sur un petit gril embrasé, est suivi de plats épicés, comme les croquettes de porc mariné aux pommes de terre ou aux moules, la *linguica* aux oignons et le ragoût de calmars, tous accompagnés de grosses frites portugaises. Une bonne sélection de bières et vins portugais vous est également proposée, et vous pourrez couronner le tout d'un express ou d'un cappucino.

L'**East Coast Grill** *($$; 1271 Cambridge Street, ☎ 491-6568)* offre un décor rétro des années cinquante, avec comptoir à tabourets, fluorescents et carrelage noir et blanc. On y sert du porc, du poulet et des côtes grillées à la mode du Sud, avec de la salade de chou cru, des haricots au four, du pain de maïs et du melon d'eau (pastèque), le tout assorti de *margarita* bleue, verte ou ambrée. De plus, ses amuse-gueule, notamment ses «saucisses de l'enfer», sont tout aussi robustes. Mais gardez-vous un petit creux pour le gâteau à la mayonnaise et au chocolat. Dîner seulement.

Les propriétaires du **Harvest** *($$/$$$-$$$$; 44 Brattle Street, ☎ 492-1115)* ont fait le tour des bistros européens avant d'arrêter leur choix de décor, qui se présente comme un agencement de banquettes rembourrées aux motifs de couleur vive, de volets et de tables en bois, ainsi que d'un bar parisien. La clientèle est tout ce qu'il y a de plus *Cambridge*, et vos voisins de table seront sans doute architectes, psychiatres ou autres professionnels. Adjacente au café, une salle à manger plus formelle, et aussi plus calme, change de couleur selon les saisons. Gibier américain et fruits de mer composent le menu, qui varie quotidiennement en ce qui concerne le café et de façon hebdomadaire dans le cas de la salle à manger.

Un restaurant cajun en territoire *yankee*? Vous l'avez dit. Le **Cajun Yankee** *($$-$$$; 1193 Cambridge Street,* ☎ *576-1971)* fait tout à fait honneur à la cuisine des bayous, qu'il s'agisse des amuse-gueule (soupe aux fruits de mer et aux gombos, maïs soufflé à la cajun et crevettes rémoulade), des plats principaux (thon fumé, poisson-chat rissolé et saucisses *jambalaya*) ou des desserts (tarte aux pacanes et aux patates douces, et parfait de pralines). L'atmosphère est chaleureuse et amicale. Dîner seulement.

La Groceria *($$-$$$; 853 Main Street,* ☎ *876-4162)* s'impose comme une entreprise familiale aux allures de trattoria italienne, avec ses auvents rayés, son plafond à treillis et ses murs de briques apparentes. Renommée pour ses hors-d'œuvre piquants et ses pâtes maison, La Groceria propose un menu à l'ancienne mode du nord de l'Italie, incluant lasagne et aubergines au parmesan, de même qu'une assiette de fruits de mer marinara si délicieuse qu'il faut y goûter pour le croire. Parmi ses succulents desserts, notons le *cannoli*, le *tartufo* et la *zuppa inglese*. Si possible, demandez qu'on vous installe à la table du Parrain, logée dans une alcôve protégée des regards par un rideau de perles.

Le **Cottonwood Café** *($$-$$$; 1815 Massachusetts Avenue,* ☎ *661-7440)*, avec ses cactus et ses fluorescents verts et mauves, rappelle pour sa part le Sud-Ouest américain. Son menu est d'ailleurs tout à fait dans le ton, puisqu'il affiche, entre autres sélections, une «pizza du désert», ni plus ni moins qu'une *tortilla* frite garnie de poulet, de fromage, d'olives et de *jalapeños*; des *enchiladas*, de l'agneau des Rocheuses, du poulet ou des crevettes grillées dans une sauce piquante, et des grillades mixtes du Hill Country.

Le hall d'entrée, le café-bar et la salle à manger du **Casablanca** *($$-$$$; 40 Brattle Street,* ☎ *876-0999)* se parent de murales de Rick, d'Ilsa et des autres vedettes de *As Time Goes By*. L'ambiance nord-africaine est rehaussée par un choix de places exotiques à l'intérieur du café, à savoir des cabines aménagées en «paniers d'amour» et recourbées de manière à former une sorte de toit qui ajoute à l'intimité des lieux. Dans l'ensemble, la cuisine d'inspiration méditerranéenne est assez bonne. Au déjeuner et au dîner, le menu affiche beaucoup de plats de pâtes et des sandwichs garnis d'olives, de fromage *feta*, de tomates fraîches et d'*hummus*.

Au **Magnolia's** *($$-$$$; 1193 Cambridge Street,* ☎ *576-1971)*, le chef John Silverman, un ancien élève du maître-chef cajun Paul Prudhomme, concocte des créations inspirées du Sud, comme ces fameuses tomates vertes frites et arrosées d'une *salsa tomatillo*, ou encore ces crevettes froides agrémentées d'une vinaigrette chaude aux fines herbes. Vous pourrez également commander du thon noirci, du canard grillé accompagné d'une gelée au piment, de la tarte aux pacanes et aux patates douces, et un parfait à la praline.

L'**Upstairs at the Pudding** *($$$$; 10 Holyoke Street,* ☎ *864-1933)* se trouve dans l'enceinte d'une institution à Harvard, le Hasty Pudding Club and Theatricals. Les murs de l'escalier qui conduit à l'étage, de même que ceux de la salle à manger comme telle, sont tapissés de vieilles affiches théâtrales des productions du Pudding, qui remontent jusqu'au XIXe siècle. Malgré ses murs vert émeraude et ses nappes roses, le restaurant est aussi désinvolte qu'une cantine universitaire. Le menu à prix fixe n'est pas nécessairement à la portée de toutes les bourses, mais il vous offre une des expériences gastronomiques les plus sublimes du grand Boston, alliant la cuisine du nord de l'Italie aux ingrédients exotiques de cinq continents.

■ La grande banlieue

Comme son nom l'indique, **The British Relief** *($; 152 North Street, Hingham Square, Hingham,* ☎ *749-7713)*, occupant un immeuble de briques rouges, et aménagé sur le modèle d'une soupe populaire anglaise, est un endroit tout à fait accueillant. Des inscriptions et des photographies anciennes sur le thème de la soupe populaire pendent aux murs. L'ameublement sans prétention inclut une table en chêne massif sculpté pouvant asseoir au moins 10 personnes, ainsi que d'anciennes banquettes de bois. Le service est de style cafétéria, et le menu se compose de mets copieux, incluant soupes maison, salades, sandwichs et desserts. Le restaurant exploite par ailleurs un comptoir de charcuterie fine avec commandes à emporter. Petit déjeuner et déjeuner seulement.

La Paloma *($-$$; 195 Newport Avenue, Quincy, ☎ 773-0512)*. La revue *Boston* a décerné plusieurs prix à La Paloma, dont six fois la palme du meilleur restaurant mexicain de la région. Les fins de semaine, les gens attendent en ligne pour déguster ses mets de tout premier ordre, incluant ses *fajitas* au bœuf ou au poulet, sa pælla mexicaine et ses *gorditos* (*tortillas* frites garnies de saucisse maison et de crème sûre).

Vous ne trouverez pas de coin plus charmant en ville que le **Ye Olde Mille Grille** *($$-$$$; 8 North Street, Hingham, ☎ 749-9846)*, établi dans un immeuble datant de 1723 et disposant de salles à manger aux étages aussi bien supérieur qu'inférieur. Les tables et les banquettes de bois foncé reflètent vivement la douce lumière des lampes de table. Quant au menu, il est truffé de vigoureuses spécialités *yankees* : palourdes, pétoncles et crevettes frites, platée de bœuf haché, rôti d'agneau et sandwich chaud à la dinde.

En franchissant le seuil du **Longfellow's Wayside Inn** *($$-$$$; Wayside Inn Road, Sudbury, ☎ 508-443-8846)*, vous ne pourrez vous empêcher de songer aussitôt au grand poète qui hante ces lieux. Avant le déjeuner et le dîner, vous avez d'ailleurs la possibilité de visiter les pièces d'époque de l'auberge originale, de même que plusieurs autres bâtiments historiques situés sur les lieux. Demandez une table dans la petite et intime Tap Room, où règne une ambiance coloniale sans pareille, avec deux foyers, des chaises à barres horizontales et des nappes à carreaux bruns et blancs. Le menu regroupe des spécialités traditionnelles telles que les voyageurs de passage du XVIIIe siècle pouvaient en commander : côte de bœuf, carré d'agneau, canard grillé, quartier d'oie et filet de sole. Au dessert, vous aurez le choix entre l'épaisse tarte aux pommes et l'*Indian pudding*.

■ Lexington et Concord

Pour une bouchée rapide ou une pause entre deux visites touristiques, prenez une pâtisserie et un excellent café au **One**

Meriam Street *($; 1 Meriam Street, Lexington, ☎ 862-3006)*, un café-restaurant cordial et décontracté. On y sert également des crêpes, des omelettes, des sandwichs, des hamburgers et des salades. Petit déjeuner et déjeuner sept jours par semaine.

Il se peut que certains n'apprécient pas autant que nous **The Willow Pond Kitchen** *($-$$; 745 Lexington Road, Concord, ☎ 508-369-6529)*, un petit restaurant tout ce qu'il y a de plus familial qui n'a pas changé depuis les années trente. Le décor? Des poissons, des chats sauvages et un opossum empaillés, d'ailleurs rongés par les mites, des tables de stratifié démodées et des banquettes de bois plutôt usées. Contrairement à ce qu'on pourrait croire, on y sert, quoique sur des assiettes en carton, de la bonne nourriture, incluant hamburgers au fromage, guedilles de homard et palourdes à l'étuvée, ainsi qu'un bon choix d'ales et de bières.

Le **Yangtze River Restaurant** *($-$$; 21-25 Depot Square, Lexington, ☎ 861-6030)* se spécialise dans la cuisine polynésienne, mais sert également les mets sichuanais et cantonais les plus en demande. La salle à manger aux murs de briques apparentes, par ailleurs envahie de plantes, est bruyante et sans prétention.

Occupant l'étage d'un ancien dépôt ferroviaire, aujourd'hui transformé en galerie marchande, **A Different Drummer** *($$; 86 Thoreau Street, Concord, ☎ 508-369-8700)* prépare un peu de tout dans une salle à manger simple et dépouillée, meublée de chaises et de tables de café qui surplombent les voies ferrées. Une seconde salle à manger offre une vue sur des boutiques de nouveautés. Beaucoup de fruits de mer, des pâtes, des fritures et des plats végétariens composent le menu. On y trouve également le meilleur brunch en ville.

Pour un repas élégant, essayez **Le Bellecour** *($$/$$$-$$$$; 10 Muzzey Street, Lexington, ☎ 861-9400)*. Les murs et les nappes roses, les chaises de style Breuer, les torchères de laiton et les scènes rurales françaises accrochées aux murs contribuent tous à créer une ambiance parisienne dans la salle à manger. Le menu continental français varie selon les saisons et se prévaut de spécialités traditionnelles comme le veau pommes grillées, alors que la carte des desserts est tout aussi impressionnante que celle des vins. Le café adjacent sert en outre des repas plus légers tels que sandwichs, soupes et salades à prix plus modérés.

Une agréable surprise à tous points de vue, l'**Aïgo** *($$-$$$; 84 Thoreau Street,* ☎ *508-371-1333)* se trouve au cœur d'une jolie communauté de banlieue endormie, c'est-à-dire pas exactement là où vous vous attendriez à déguster une cuisine innovatrice. Le restaurant se trouve à l'étage de l'ancienne gare ferroviaire de West Concord, et son menu regorge de délices d'inspiration française et méditerranéenne, apprêtés et servis avec beaucoup de goût. Brunch le dimanche.

Si vous avez plutôt envie de spécialités *yankees* dans un décor historique, essayez le **Colonial Inn** *($$-$$$; 48 Monument Square, Concord,* ☎ *508-369-9200)*. Construite en 1716, la section originale de l'auberge (voir p 164) appartenait au grand-père de Thoreau. On y dénombre cinq salles à manger, décorées individuellement dans le style colonial. Le menu comprend des côtes de bœuf, des biftecks, de la morue, des pétoncles et du homard.

SORTIES

La scène artistique de Boston reflète une riche tradition historique de plusieurs siècles et ne cesse d'élargir ses frontières. Or, le **Bostix Booth** du Faneuil Hall (☎ 723-5181) propose des billets à moitié prix pour plusieurs spectacles, le jour même de la représentation; vous devez payer en espèces et retenir que les premiers arrivés sont les premiers servis. Quant au **Boston Jazzline** (☎ 787-9700), il offre un service de renseignements enregistrés jour et nuit sur les événements de jazz locaux.

Centre-ville

■ **Les meilleurs bars**

À Boston, il y en a pour tous les goûts, aussi bien pour les jeunes célibataires que pour les briqueleurs, les dockers, les politiciens, les employés du quartier des affaires, les universitaires de Cambridge, les amateurs de sport et les Irlandais.

La **Bell in Hand Tavern** *(45 Union Street, ☎ 227-2098)*, établie depuis 1795, est la plus vieille taverne de Boston; l'ambiance coloniale y est restée très chaleureuse.

Au **Black Rose** *(160 State Street, ☎ 742-2286)*, les accents irlandais sont si prononcés qu'on se croirait à Dublin. La maison se spécialise dans les bières et la musique folklorique irlandaises, et l'on s'y amuse toujours follement. Droits d'entrée les fins de semaine.

Le **Duck Soup** *(dans l'enceinte du Faneuil Hall, ☎ 426-6639)* n'est pas seulement la plus grande scène comique de la Nouvelle-Angleterre, mais aussi l'une des meilleures. Magnifiquement situé, son théâtre de 450 places accueille plusieurs des plus célèbres comédiens de la nation, de même que des grands noms de la scène locale.

Le **Last Hurrah** *(60 School Street, dans l'enceinte de l'Omni Parker House, ☎ 227-8600)*, imprégné des traditions du début du siècle, danse au rythme du jazz et de la musique des années quarante.

The Littlest Bar *(47 Province Street, ☎ 523-9766)* est bel et bien, tel que son nom l'indique, la plus petite taverne de Boston. Il n'y a ici que cinq tabourets au bar et quatre tables minuscules derrière eux. Le bruit de la télévision est souvent assourdissant, mais quel endroit amusant pour prendre un verre avant le dîner. La majorité des résidants ne le connaissent pas plus que vous.

■ **Les boîtes de nuit et les cabarets**

The Roxy *(droits d'entrée; 279 Tremont Street, dans l'enceinte de la Tremont House, ☎ 227-7699)* se présente comme un établissement on ne peut plus chic de style Art déco où les clients rivalisent d'élégance. Il possède sa propre troupe de danseurs et son présentateur, ainsi qu'un orchestre composé de 14 musiciens. Tenue réglementaire.

Le **Bay Tower Room** *(60 State Street, ☎ 723-1666)* offre à ses fortunés clients une vue sur la ville depuis le 33e étage de l'immeuble. Orchestre de quatre musiciens.

Au **Mystery Café** *(droits d'entrée; 290 Congress Street, à l'intérieur du Three Cheers Restaurant,* ☎ *262-1826)*, l'assistance tente de résoudre une histoire de meurtre tout en savourant un dîner de quatre services.

Au **Boston Beach Club** *(Landmark Inn, Faneuil Hall, 300 North Market Building,* ☎ *227-9660)*, les tables en forme de planches de surf et les présentateurs vêtus de chemises hawaïennes contribuent à créer une ambiance de plaisir toute californienne. On vous y présente des groupes rock ou de la musique enregistrée. Droits d'entrée les fins de semaine.

Au **Zanzibar** *(droits d'entrée; 1 Boylston Place,* ☎ *451-1955)*, c'est un véritable paradis tropical qui vous attend, avec des palmiers royaux de 6 m. Musique rock et grands succès du palmarès.

Situé sous le Wilbur Theater, le prestigieux et élégant **Improv Boston** *(droits d'entrée; 246 Tremont Street,* ☎ *695-2989)* attire une clientèle mixte. Des comédiens de renommée nationale y prennent l'affiche sept jours sur sept.

L'**Orpheum Theater** *(Hamilton Place, en retrait de la rue Tremont,* ☎ *482-0650)* accueille des musiciens de rock dont la popularité s'étend d'un océan à l'autre.

■ Les théâtres

Le quartier du spectacle de Boston est étroitement aggloméré sur la partie nord de Tremont Street et sur plusieurs rues à l'ouest de celle-ci.

The Colonial Theatre *(106 Boylston Street,* ☎ *426-9366)* et **The Shubert** *(265 Tremont Street,* ☎ *426-4520)* proposent des pièces mises à l'essai avant d'être présentées à Broadway ainsi que des troupes nationales en tournée.

L'opulent **Wang Center for the Performing Arts** *(270 Tremont Street,* ☎ *482-9393)*, jadis un cinéma des Années folles, commandite d'extravagants événements de danse, de théâtre, d'opéra, de musique et de cinéma. Le **Boston Ballet** *(19 Clarendon Street,* ☎ *695-6950)* y présente par ailleurs des classiques comme *Casse-noisette* ainsi que des œuvres contemporaines.

The Charles Playhouse *(76 Warrenton Street, ☎ 426-6912)* se spécialise dans les comédies musicales, alors qu'à l'étage inférieur son **Stage II** *(☎ 426-5225)* présente la comédie *Shear Madness*, la pièce non musicale à l'affiche depuis le plus grand nombre d'années aux États-Unis.

Beacon Hill

Bien qu'il soit devenu célèbre par le biais de la série télévisée *Cheers*, le **Bull and Finch Pub** *(au sous-sol du 84 Beacon Street, ☎ 227-9605)* a su conserver un cachet tout à fait sympathique. Ce vénérable pub anglais propose des bières de grand cru, des hamburgers et une ambiance délirante.

The Sevens Ale House *(77 Charles Street, ☎ 523-9074)* se présente comme un meilleur bar de quartier que le Bull and Finch Pub voisin. Paré de bois sombre et lissé, ses murs tapissés de photos de clients ayant participé au marathon de Boston et à d'autres événements locaux, le Sevens est petit et animé; on y croise peu de touristes, et son personnel est des plus aimables que nous ayons rencontré.

Back Bay

Si vous êtes riche, ou tout au moins au-dessus de vos affaires, faites un tour du côté du **Ritz Bar** *(15 Arlington Street, ☎ 536-5700)*, dont les panneaux sombres reflètent bien le traditionalisme et la rigueur des «brahmanes» locaux. Ou alors rendez visite à l'élégante salle de bal d'époque du **Ritz-Carlton** *(15 Arlington Street, ☎ 536-5700)*, où vous trouverez une ambiance romantique propice à la danse.

Le **Boston Camerata** *(140 Clarendon Street, ☎ 262-2092)*, créé en 1954, présente des concerts de musique médiévale, de la Renaissance et du début de la période baroque, aussi bien vocaux qu'instrumentaux.

La **Lyric Stage Company of Boston** *(140 Clarendon Street, Copley Square, ☎ 437-7172)*, la plus ancienne troupe de théâtre professionnel à demeure de Boston, présente aussi bien des primeurs que des reprises, sans oublier *A Child's Christmas in Wales* de Dylan Thomas, chaque Noël.

Des pianistes de renom se produisent au **The Plaza Bar** *(138 St. James Avenue, dans l'enceinte du Copley Plaza Hotel voir p 132, ☎ 267-5300)*, qui ressemble à un club d'officiers britanniques de l'époque des maharajas.

Les amateurs de théâtre et d'autres formes de spectacle peuvent se procurer des billets à moitié prix, le jour même des représentations, chez **Bostix** *(à l'angle nord-ouest du Copley Square)*. Ce comptoir en forme d'énorme champignon de bois tissé fait également office de billetterie régulière et d'agence Ticketmaster pour tous les spectacles présentés à Boston et dans les environs.

Le **Diamond Jim's Piano Bar** *(710 Boylston Street, à l'intérieur de l'hôtel Lenox, ☎ 536-5300)* est un des meilleurs piano-bars de Boston et, qui plus est, un endroit où l'on vous encourage à chanter avec l'artiste invité, si le cœur vous en dit.

La population gay se rend volontiers au **Chaps** *(droits d'entrée; 27 Huntington Avenue, ☎ 266-7778)* pour y entendre de la musique disco préenregistrée. Les femmes sont également bienvenues dans ce bar débordant d'énergie, où vous avez par ailleurs accès à un bar-salon en retrait de la trépidante piste de danse.

Vous ne trouverez pas d'ambiance plus typiquement bostonienne qu'à la **Poor House** *(907-909 Boylston Street, ☎ 236-1767)*, un tumultueux bar *underground* qui vous présente du blues et de la musique psychédélique.

Les sonorités bourgeoises de la musique disco conviennent tout à fait à la clientèle du **Club Nicole** *(40 Dalton Street, ☎ 236-1100)*, au sous-sol du Back Bay Hilton.

Le **Division 16** *(955 Boylston Street, ☎ 353-0870)*, aménagé dans un poste de police entièrement rénové, propose de la musique enregistrée de style swing et *big band*, dans un décor de fluorescents roses et d'appliques Art déco posées sur des murs également roses.

À l'époque du marathon de Boston, vous aurez beaucoup de mal à franchir les portes de l'**Eliot Lounge** *(370 Commonwealth Avenue, dans l'enceinte de l'Eliot Hotel, ☎ 262-1078)*, décoré de photos et d'objets consacrés à l'événement sportif annuel, et affichant les drapeaux des pays représentés par les différents gagnants du marathon.

Fenway

Le **Rathskellar** *(528 Commonwealth Avenue, ☎ 536-2750)*, affectueusement surnommé The Rat, fut le premier à présenter The Police et les Talking Heads. Il demeure d'ailleurs un bruyant bar marginal mettant en vedette divers groupes rock alternatifs. Droits d'entrée pour les spectacles donnés au sous-sol.

L'**Avalon Ballroom** *(droits d'entrée; 15 Lansdowne Street, ☎ 262-2424)*, qui dispose d'une des plus grandes pistes de danse de la ville, vibre au son de la musique progressiste et des 40 plus grands succès du palmarès, dont les danseurs sont toujours friands. À l'affiche, des noms aussi prestigieux que Prince et Eric Clapton. À la porte voisine se trouve le bar dansant le plus à la mode, l'**Axis** *(droits d'entrée; 13 Lansdowne Street, ☎ 262-2437)*, spécialisé dans la musique progressiste. Soirée gay le mardi, bien que la clientèle y soit très mixte.

Au **Venus de Milo** *(droits d'entrée; 7 Lansdowne Street, ☎ 421-9595)*, une musique de danse endiablée remplit l'atmosphère, qu'il s'agisse de rythmes alternatifs, internationaux ou *acid house*. Soirée gay le mercredi.

Les fervents du cuir et du jeans moulé déambulent allègrement devant **The Boston Ramrod** *(1254 Boylston Street, ☎ 266-2986)*, un bar exclusivement gay où vous pouvez également jouer au billard. Soirées spéciales «pas de deux».

Au **Quest** *(1270 Boylston Street, ☎ 424-7747)*, hommes et femmes gays dansent sur quatre étages, représentant respectivement la terre, l'air, le feu et l'eau, au son d'une musique présentée par un disque-jockey.

Quelque peu à l'extérieur du quartier, vous trouverez d'autres boîtes de nuit. **The Paradise** *(droits d'entrée; 967 Commonwealth Avenue, ☎ 351-2582)* attire une clientèle branchée grâce à ses têtes d'affiche du domaine de la danse et du rock-and-roll. Places debout seulement la plupart du temps. **The Tam O'Shanter** *(droits d'entrée; 1648 Beacon Street, Brookline, ☎ 277-0982)* fait régulièrement danser son public au son du blues et du rythm-and-blues, interprété sur scène par diverses formations. Atmosphère terre-à-terre et sans prétention.

■ Les salles de concerts

Le prestigieux **Boston Symphony Orchestra** *(301 Massachusetts Avenue, ☎ 266-1492)*, sous la direction de Seiji Ozawa, présente, chaque année, plus de 250 concerts classiques. Ses **Boston Pops** s'en tiennent pour leur part à des pièces plus légères, parmi les grandes favorites du public, qu'on peut entendre en juin; ils donnent par ailleurs des concerts en plein air gratuits tout l'été, au Hatch Shell, sur l'Esplanade.

La **Hændel and Haydn Society** *(300 Massachusetts Avenue, ☎ 266-3605)*, fondée en 1815, constitue l'ensemble musical en activité depuis le plus grand nombre d'années aux États-Unis. Il propose des représentations de musique instrumentale et chorale, et présente, chaque année, le *Messie* de Hændel à l'occasion de Noël.

La **Huntington Theatre Company** *(264 Huntington Avenue, ☎ 266-3913)*, la compagnie théâtrale de l'université de Boston, se spécialise dans les œuvres classiques, les comédies et les pièces musicales.

South End

La gloire de Los Angeles rejaillit sur Boston au **Hard Rock Café** *(131 Clarendon Street, ☎ 424-7625)*, véritable temple du rock rempli d'objets aussi mémorables que les bottes blanches d'Elvis ou la veste de Jimi Hendrix, de même que de disques d'or et de platine de plusieurs groupes célèbres. Elvis, Chuck Berry et Jerry Lee Lewis y sont immortalisés dans vitraux dont il s'est paré.

Le **Club Café** *(209 Columbus Avenue, ☎ 536-0972)*, un bar d'avant-garde, accueille des musiciens de jazz de renommée nationale dans un décor raffiné de style Art déco, attirant aussi bien les gays que le public conventionnel. Droits d'entrée lorsqu'il y a un spectacle.

Au **Napoleon Club** *(52 Piedmont Street, Bay Village, ☎ 338-7547)*, la clientèle gay se régale de musique de scène au piano-bar de l'étage inférieur. Droits d'entrée pour la piste de danse de l'étage supérieur.

Jacques' *(droits d'entrée; 79 Broadway, Bay Village, ☎ 426-8902)* en a pour tous les goûts, à condition bien sûr d'apprécier le mélange travestis, rock, jazz et salsa. La clientèle se révèle d'ailleurs très variée, composée de couples d'hommes et de femmes gays, et d'hétéros, mais aussi de groupes de curieux.

Le **Wally's Café** *(droits d'entrée; 427 Massachusetts Avenue, ☎ 424-1408)* a tout d'une bonne vieille boîte de jazz. À la fois petit, enfumé et sombre, il accueille une multitude de musiciens talentueux, dont plusieurs étudiants de la Berklee School of Music, qui ne se trouve qu'à quelques rues du café.

South Boston

Water Music *(12 Arrow Street, Cambridge, ☎ 876-8742)* propose une croisière-cabaret, communément appelée *blues cruise*, dans le port de Boston, entre le Commonwealth Pier et le Long Wharf. Des formations de blues et de jazz de tout premier ordre y sont à l'honneur.

Environs de Boston

■ Cambridge

Si vous êtes amateur de blues, une visite s'impose au **House of Blues** *(96 Winthrop Street, ☎ 491-2583)*, où d'excellents musiciens donnent des concerts plusieurs soirs par semaine.

Le **Plough and Stars** *(912 Massachusetts Avenue, ☎ 492-9653)* est une perle rare, à savoir un de ces bars oubliés de la civilisation où les clients, dignes représentants de la classe ouvrière, portent des casquettes aux couleurs de leur équipe sportive favorite ou d'une marque de commerce quelconque. Ces solides gaillards rient de bon cœur et déplacent beaucoup d'air, créant une ambiance on ne peut plus animée. Des caricatures en noir et blanc des habitués du quartier tapissent un mur entier de l'établissement.

Depuis plusieurs années déjà, le quartier le plus à la mode du Boston métropolitain est celui du Central Square, le cousin maussade du Cambridge-Harvard Square, situé aux deux tiers du chemin entre Harvard et le MIT, sur Massachusetts Avenue. La boîte de nuit par excellence de ce secteur on ne peut plus *cool* est le **Middle East** *(droits d'entrée presque tous les soirs; 472 Massachusetts Avenue, ☎ 497-0576)*, qui compte trois salles : Upstairs, Downstairs et la Bakery. Clientèle et musique variées, de Michelle Shocked à Morphine, par exemple, au chapitre des artistes d'envergure nationale qui se produisent ici, et vous pouvez tout aussi bien y croiser de jeunes étudiants encore mineurs que des amateurs de rock aux tempes grisonnantes.

Le **Scullers** *(droits d'entrée; 400 Soldiers Field Road, Brighton, ☎ 562-4111)* est un endroit inusité, aménagé à l'étage du Guest Quarters Suite Hotel, à l'intérieur d'un des plus atroces bâtiments jamais construits sur la rivière Charles. Ne vous laissez surtout pas décourager par l'emplacement ou l'architecture de cet établissement, car cette boîte de jazz huppée (d'où vous aurez en outre une vue somptueuse sur la rivière) accueille de grands noms de la musique du mardi au samedi soir. Clientèle d'un certain âge plutôt bien vêtue.

Pat Metheny, originaire de cette ville, vient parfois improviser au **Ryle's** *(droits d'entrée; 212 Hampshire Street, ☎ 876-9330)*, qui, chaque soir, propose du jazz, du rhythm-and-blues, de la musique latino-américaine et du swing dans une ambiance décontractée.

Le **Grendel's Den** *(89 Winthrop Street, ☎ 491-1160)* se présente comme un pub confortable au sous-sol du Grendel's Restaurant. Murs de briques, plancher de bois et un bar sur lequel vous pouvez vraiment vous appuyer composent le décor. On propose, à l'occasion, un «cinq à sept» rehaussé d'une table pleine de fromages, de craquelins et de crudités.

Le **Regattabar** *(droits d'entrée; 1 Bennett Street, dans l'enceinte du Charles Hotel, ☎ 864-1200)*, un des meilleurs bars de jazz du Grand Boston, offre une expérience intime dans un environnement sophistiqué. Wynton Marsalis, Ahmad Jamal et Stéphane Grapelli y sont régulièrement au programme.

Le **Nightstage** *(droits d'entrée; 823 Main Street, ☎ 497-8200)*, une des meilleures boîtes de nuit de la région, reçoit des têtes d'affiche du calibre de Wynton Marsalis et de Semenya McCord. Les concerts couvrent aussi bien le jazz et le blues que le rock, le funk et la musique de danse brésilienne. À l'étage inférieur se trouve l'**Indigo** *(droits d'entrée; ☎ 497-7200)*, un bar pour femmes gays dont la clientèle est, somme toute, très diversifiée et où l'on présente de la musique alternative les fins de semaine.

Au **Cantab Lounge** *(droits d'entrée; 738 Massachusetts Avenue, ☎ 354-2685)*, vous ne savez jamais ce que vous allez entendre les soirs où le micro est au public, mais, le reste du temps, vous pouvez compter sur une ambiance de défoulement général au son de groupes rhythm-and-blues débordant d'émotion.

Le **Man Ray** *(droits d'entrée; 21 Brookline Street, ☎ 864-0400)* est un bar dansant industriel, doté d'un certain sens artistique, où l'on présente de la musique progressiste et alternative. Soirées gays le jeudi pour les hommes et le dimanche pour les femmes.

Le **TT the Bear's Place** *(droits d'entrée; 10 Brookline Street, ☎ 492-0082)* est une autre boîte très *cool* du Central Square où vous pourrez entendre de bons musiciens. Les plafonds bas, les murs noirs et les vêtements tout aussi noirs de la majorité des clients rendent l'atmosphère plutôt sombre, mais vous n'en ferez probablement aucun cas si vous aimez le rock. On ne danse pas beaucoup ici; la plupart des gens habitués à suivre les courants musicaux de Boston se contentent en effet d'écouter.

Ainsi nommé en raison des batraciens de bois sculptés qui surplombent le bar, le **Toad** *(1912 Massachusetts Avenue, ☎ 497-4950)* pullule d'amants de la musique de tout âge en quête de bons spectacles sept jours sur sept. On a même repéré Aimee Mann dans cette minuscule boîte à la mode qui ne demande aucun droit d'entrée.

Depuis 1969, le **Passim** *(droits d'entrée; 47 Palmer Street, ☎ 492-7679)*, un café-bistro de sous-sol bon chic bon genre où l'on ne sert pas d'alcool, a toujours mis l'accent sur la musique folk acoustique. Parmi ses têtes d'affiche, mentionnons Tracy Chapman, Jimmy Buffet et David Bromberg.

La compagnie théâtrale professionnelle de l'Université Harvard, l'**American Repertory Theater** *(64 Brattle Street, ☎ 547-8300)* produit des premières mondiales et des œuvres classiques avec une approche souvent non traditionnelle.

Quant au **Catch a Rising Star** *(droits d'entrée; 30-B John F. Kennedy Street, ☎ 661-9887)*, il présente de jeunes comiques de la relève sept soirs sur sept dans un sous-sol sombre et chaleureux.

Au Davis Square de Somerville, un secteur plutôt artistique, le **Johnny D's Uptown Restaurant and Music Club** *(droits d'entrée; 17 Holland Street, ☎ 776-9667)* propose d'excellentes formations locales et nationales de rock, de blues, de jazz, de funk, de reggae et d'autres genres musicaux tous les soirs de la semaine. Brunch égayé par des musiciens de blues le dimanche.

MAGASINAGE

e chapitre présente la description d'une foule de jolies boutiques, toutes plus attrayantes les unes que les autres, que vous découvrirez au gré de vos balades à travers les différents quartiers de Boston.

North End

Le North End, gorgé de boulangeries-pâtisseries, de fromageries et de comptoirs à vins, est un véritable paradis pour les amateurs de bonne chère.

Depuis que la **Bova's Bakery** *(76 Prince Street, à l'angle de Salem Street, ☎ 523-5601)* est ouverte jour et nuit, il n'y a pas meilleur endroit pour assouvir une fringale nocturne, ou simplement pour prêter l'oreille aux potins du quartier. La famille Bova, bien établie, possède des commerces et des appartements dans tout le North End, et sa boulangerie fait aussi office d'«agence immobilière» pour les chasseurs d'appartements avertis.

Pour retrouver les riches arômes du bon vieux temps, faites un saut au **Polcari's Coffee Shop** *(105 Salem Street, ☎ 227-0786)*, un minuscule magasin où s'entassent les poches de farine de blé et de maïs, les bacs en bois remplis de noix et les bocaux de café.

Tony Trio vend des fromages italiens et de délicieuses pâtes et sauces maison dans son **Trio's Ravioli** *(222 Hanover Street, ☎ 523-9636)*, qu'embaument d'enivrants effluves.

Chez **A & J Distributors** *(236 Hanover Street, ☎ 523-8490)*, vous trouverez à peu près tous les ustensiles de cuisine italiens que vous pouvez désirer : dispositifs de rangement pour pâtes alimentaires, bols peints, gaufriers et moules à pizza.

Au **Modern Pastry Shop** *(257 Hanover Street, ☎ 523-3783)*, qui date de 1931, ce sont des effluves envahissants, terriblement appétissantes, qui s'empareront de vos narines. Vous aurez du mal à choisir entre les *pizzaiole*, la *zuppa inglese*, les macarons et les biscuits à l'amaretto.

Mike's Pastry *(300 Hanover Street, ☎ 742-3050)* est un endroit populaire auprès des *yuppies* du North End qui s'y rendent volontiers pour acheter une boîte de pâtisseries avant leur petit déjeuner d'affaires en ville. Avertissement : la quantité d'articles proposés ici dépasse largement leur qualité, qui n'est pas toujours égale; prenez donc le temps de bien choisir.

Centre-ville

Le **Downtown Crossing** est au cœur même des magasins du centre-ville. Cette place piétonnière, située à l'angle des rues Washington et Summer, fait face au **Jordan Marsh** *(450 Washington Street, ☎ 357-3000)* et au **Filene's** *(426 Washington Street, ☎ 357-2100)*, deux des plus anciens magasins à rayons de Boston, rivaux incontestés depuis le milieu du XIXe siècle.

Aucune expédition de magasinage ne saurait être complète sans une visite au **Filene's Basement** *(☎ 542-2011)*, le premier comptoir d'aubaines des États-Unis, fondé en 1908; c'est en effet ici qu'a débuté la grande épopée des prix réduits. Dans les années quarante, 15 000 femmes s'y ruèrent pour acheter les dernières robes à avoir quitté Paris avant l'occupation allemande. Ses détracteurs prétendent que la qualité de la marchandise s'est détériorée au cours des années quatre-vingt, alors que le Basement a ouvert 22 succursales dans six États. Mais l'endroit n'en demeure pas moins constamment fréquenté par une clientèle féminine, qui n'hésitait pas à essayer les vêtements au beau milieu des allées, avant qu'on y installe des cabines d'essayage en 1989. Les clientes n'ont que faire non plus de la peinture écaillée ou de la tuyauterie apparente, tant et aussi longtemps qu'elles peuvent se procurer une robe de grand couturier pour moins d'un dixième de sa valeur au détail, après trois réductions préalables; ou, à l'occasion, une zibeline de 80 000 $US pour seulement 5 000 $US!

Néanmoins, la grande Mecque des touristes friands de magasinage demeure le **Quincy Market**, à quelques pas seulement du Faneuil Hall. Un marché d'aliments depuis 1826, le Quincy Market est aujourd'hui au centre de trois galeries marchandes réunissant plus de 160 magasins et boutiques, sans compter deux douzaines de restaurants et de comptoirs de restauration rapide. À l'extérieur du marché, vous trouverez une foule d'étals de fleurs rayonnantes et des comptoirs à ballons, alors que, sous les arcades de verre qui le flanquent, plusieurs vendeurs ambulants vous proposeront toutes sortes de nouveautés.

De chaque côté du Quincy Market se trouvent deux autres galeries, le North Market et le South Market. Parmi les boutiques les plus fascinantes, retenons **Purple Panache** *(☎ 742-6500)*, où tout est pourpre, aussi bien les t-shirts et les nouveautés que les animaux en peluche. Puis, comment résister à **Puzzle People** *(☎ 248-9629)*, un véritable labyrinthe de bijoux casse-tête, de boîtes casse-tête, de casse-têtes tout court et d'autres articles à vous torturer les méninges? Jetez aussi un coup d'œil à **Banana Republic** *(☎ 439-0016)*, fournisseur de vêtements de voyage et de safari. **The Nature Company** *(☎ 227-5005)* vend, pour sa part, des documentaires vidéo sur les animaux, des télescopes, des cadrans solaires et un vaste choix de livres traitant de la nature.

S'il est une boutique de farces et attrapes à l'ancienne, c'est bien le **Jack's Joke Shop** *(197 Tremont Street, ☎ 426-9640)*. Ouvert depuis 1922, ce magasin étroit est tapissé de douzaines de masques d'Halloween fort élaborés, de perruques, de squelettes gonflables et d'ensembles lunettes-nez-moustache.

Si petit qu'il soit, le quartier chinois possède plus de commerces que vous ne pourriez l'imaginer. Si vous n'avez jamais eu l'occasion de goûter des pâtisseries chinoises, vous saliverez devant l'étalage de la **Hing Shing Pastry** *(67 Beach Street,* ☎ *451-1162)*, où vous pourrez d'ailleurs observer les pâtissiers à l'œuvre.

Chin Enterprises, Inc. *(33 Harrison Avenue,* ☎ *423-1725)* vend des articles de cuisine chinois de qualité professionnelle, y compris des passoires en laiton et des *woks* de 60 cm de diamètre.

Si vous adorez la couture, ou si vous connaissez quelqu'un qui ne demanderait pas mieux que de vous confectionner un vêtement, vous aurez plaisir à visiter **North End Fabrics** *(31 Harrison Avenue,* ☎ *542-2763)*. Vous y trouverez en effet un choix extraordinaire de tissus de toutes textures et de toutes couleurs, des satins scintillants aux riches brocarts et aux toisons luminescentes, à des prix on ne peut plus raisonnables.

Il y a de cela plusieurs années, on trouvait au bord de l'eau une multitude de fournisseurs nautiques. Un de ces magasins, présent depuis plus de 50 ans, a su demeurer fidèle à la tradition; il s'agit du **Boxell's Chandlery** *(28 Constitution Plaza,* ☎ *523-5678)*, qui vend des cartes de navigation de toutes les eaux du monde, des vêtements à l'épreuve du mauvais temps et un assortiment renversant d'ouvrages sur la navigation de plaisance et de compétition ainsi que sur la maîtrise des nœuds.

Beacon Hill

Au pied de Beacon Hill, la rue Charles est encombrée d'antiquaires, de galeries d'art et de boutiques spécialisées.

Des aubaines originales vous attendent au **Beacon Hill Thrift Shop** *(15 Charles Street,* ☎ *742-2323)*, où les maîtresses de maison du quartier apportent leurs plus belles pièces d'argenterie, mais aussi toutes sortes de babioles.

En faisant une halte chez **Rouvalis Flowers** *(40 West Cedar Street,* ☎ *720-2266)*, vous pourrez vous procurer une plante ou une fleur exotique. Ce fleuriste tient un choix remarquable d'arbustes taillés et d'orchidées, sans oublier de rares spécimens de gingembre sur pied et d'héliconie. Service de livraison à l'étranger.

Le **Charles Street Woodshop** *(102 Charles Street, ☎ 523-0797)* propose des objets en bois faits main de la plus grande variété, des yo-yo aux cages d'oiseaux en passant par les planches à pain et les bancs de jardin.

Chez **Helen's Leather** *(110 Charles Street, ☎ 742-2077)*, c'est un choix époustouflant de bottes de cuir de style *western* qui vous attend, magnifiquement brodées et colorées, ainsi que des vestes, des manteaux, des porte-documents et des ceintures, tous en cuir, naturellement.

George Gravert Antiques *(122 Charles Street, ☎ 227-1593)* est un des plus anciens antiquaires de la rue Charles, et aussi un des plus respectés.

Au **Period Furniture Hardware** *(123 Charles Street, ☎ 227-0758)*, qui dispose d'une ligne complète d'accessoires d'imitation, vous ne devriez avoir aucune difficulté à trouver la poignée de tiroir en laiton qu'il vous faut.

Back Bay

Le quartier de Back Bay est un autre point de convergence majeur pour le magasinage, surtout sur la chic rue Newbury, truffée d'un bout à l'autre de boutiques à la mode.

Shreve, Crump & Lowe *(3330 Boylston Street, ☎ 267-9100)*, joaillier à Boston depuis 1800, a toujours été l'endroit par excellence pour se procurer des bijoux en or et en argent.

Une sculpture dorée, à l'effigie d'un cygne, surplombe la porte de la **Women's Educational and Industrial Union** *(356 Boylston Street, ☎ 536-5651)*, fondée en 1877 par un groupe de femmes engagées, la même année où les bateaux-cygnes ont été mis à l'eau au jardin public. Sa boutique propose des poteries italiennes, des bijoux, des accessoires pour dames, du papier à lettres, des cartes de vœux, des vêtements pour enfants et même des antiquités.

Waterstone's *(26 Exeter Street, ☎ 859-7300)* occupe la place de l'ancien Exeter Theater, autrefois le plus vieux théâtre de Boston. Aujourd'hui devenu la plus grande librairie de la ville, cet établissement constitue un paradis de rêve pour les amateurs de livres.

Vous cherchez des chaussures garnies de bananes en plastique à la Carmen Miranda? Vous les trouverez chez **Alan Bilzerian** *(34 Newbury Street, ☎ 536-1001)*, une boutique chic remplie de vêtements et accessoires d'avant-garde pour hommes et femmes.

Lou Lou's *(121 Newbury Street, ☎ 859-8593)* vend du linge de table neuf et ancien provenant d'avions, de bateaux, d'hôtels et de restaurants. Vous aurez plaisir à explorer ce magasin original.

London Lace *(167 Newbury Street, ☎ 267-3506)* se spécialise dans les reproductions de dentelles victoriennes, réalisées en Écosse sur les seuls métiers encore capables d'effectuer ce travail. Choix de rideaux, de chemins de table, de nappes et de literie antique.

La perle du quartier est sans conteste **Copley Place** *(sur la partie haute de Huntington Avenue)*, enchâssée dans un écrin de laiton et de marbre, et sertie d'arbres de même que d'une cascade à l'intérieur même de ses murs. Ce complexe renferme en outre les hôtels Westin et Marriott, le centre commercial à proprement parler se trouvant entre les deux, relié au hall d'entrée de l'un comme de l'autre. Une passerelle piétonnière vitrée enjambe également l'avenue Huntington et permet d'accéder au Prudential Center. Ouverte au milieu des années quatre-vingt, Copley Place s'enorgueillit de 100 boutiques haut de gamme disposées autour du chic magasin d'importation texan **Neiman-Marcus** *(☎ 536-3660)*. Vous y trouverez entre autres des succursales de **Polo-Ralph Lauren** *(☎ 266-4121)*, **Gucci** *(☎ 247-3000)*, **Enrico Celli** *(☎ 247-4881)*, **Bally of Switzerland** *(☎ 437-1910)* et **Louis Vuitton** *(☎ 437-6519)*.

Qui refuserait d'acheter des vêtements usagés d'hommes et de femmes lorsqu'ils sont aussi chic et aussi peu portés que ceux de **The Closet** *(175 Newbury Street, à l'étage inférieur, ☎ 536-1919)*? Seuls les vêtements les plus récents, et dans un état irréprochable, sont mis en vente.

La **Society of Arts and Crafts** *(175 Newbury Street, ☎ 266-1810)*, fondée en 1897, constitue la plus ancienne entreprise artisanale à but non lucratif des États-Unis. Vous trouverez, dans sa salle des ventes, des sculptures d'animaux plutôt hétéroclites, des masques en papier mâché et des meubles avec beaucoup de caractère, mais aussi des poteries et des bijoux. Une seconde galerie est située au 101 Arch Street *(☎ 345-0033)*.

Avec ses cartes et ses t-shirts hors du commun, ses caches de pacotille criantes de vérité et sa musique pop vibrante, **In Touch** *(192 Newbury Street, ☎ 262-7676)* vous permettra de découvrir des cadeaux inusités.

Faites un saut chez **Selletto** *(244 Newbury Street, ☎ 424-0656)* pour une foule de produits fabriqués à la main par un réseau d'artisans du monde entier, le tout rehaussé d'encens de cèdre et de pins pignons. Vous y trouverez des guirlandes, des arrangements de fleurs séchées et même des pêches en marbre de Toscagne sculptées à la main.

Le cousin de Copley Place, de loin son aîné, est le **Prudential Center**, marqué par la présence de **Saks Fifth Avenue** *(800 Boylston Street, ☎ 262-8500)* et de **Lord & Taylor** *(660 Boylston Street, ☎ 262-6000)*. Parmi les innovations apportées au *Pru's*, notons les nombreuses allées piétonnières coiffées de verre et bordées de boutiques.

Le meilleur endroit en ville pour trouver des cartes, des gravures et des affiches est **Art to Go-Go** *(259 Newbury Street, ☎ 536-3560)*. Si l'affiche que vous désirez n'est pas disponible, ne vous en faites pas, car on peut ici vous commander n'importe quel article tiré d'un catalogue. L'atelier d'encadrement de la maison représente par ailleurs un atout supplémentaire.

La **Nostalgia Factory** *(324 Newbury Street, ☎ 236-8754)* se présente comme un endroit amusant où découvrir de vieilles revues, des curiosités et des souvenirs kitsch.

Le **Tower Records Building** *(360 Newbury Street, ☎ 247-5900)* s'impose comme une audacieuse création en pierre de l'architecte révolutionnaire Frank O. Gehry. Il s'agit du plus grand magasin Tower des États-Unis, et vous y trouverez trois

Les librairies de Boston

Avec ses librairies riches de l'empreinte du passé, Boston est un véritable paradis pour les bouquineurs. Chacune témoigne d'une personnalité originale avec ses étagères d'occasion, ses écriteaux rédigés à la main, et peut-être même un ou deux vieux fauteuils en cuir.

La plus célèbre librairie de Boston est le **Globe Corner Bookstore** *(1 School Street, ☎ 523-6658)*. Au milieu du XIXe siècle, alors qu'elle portait le nom d'Old Corner Bookstore, elle était le rendez-vous des Hawthorne, Longfellow, Lowell, Emerson et Holmes, et même de Dickens et Thackeray lorsqu'ils se trouvaient aux États-Unis. Aujourd'hui, les deux étages du magasin sont tapissés de livres sur la Nouvelle-Angleterre et de guides de voyage sur toutes les destinations du monde.

Le **Brattle Book Shop** *(9 West Street, ☎ 542-0210)* réclame, quant à lui, le titre de la plus ancienne bouquinerie d'Amérique, dont l'ouverture remonte au XVIIIe siècle. Des étagères d'acier gris servent de reposoirs à une multitude de romans, de recueils de poésie et livres de généalogie et d'héraldique. Les marches de l'escalier sont encombrées de vieux numéros de la revue Life dont les pages couvertures, consacrées à Tallulah Bankhead, Betty Grable ou Hedy Lamar, nous font remonter jusqu'en 1936.

Depuis sa fondation en 1898, le **Goodspeed's Book Shop** *(9 Park Street, ☎ 523-5970)* vend des bouquins d'occasion et des livres rares. Sa nouvelle adresse recèle de nombreux trésors, et un personnel compétent se tient à votre disposition pour vous aider à les dénicher. Vous trouverez également ici un choix de gravures antiques européennes et américaines, des éditions originales et des autographes rares, dont celles de Winston Churchill et de Ulysses S. Grant.

La bonne bouffe et les bons livres font souvent la paire, mais nulle part mieux qu'au **Trident Booksellers & Café** *(338 Newbury Street, ☎ 267-8688)*. Le Trident remporte décidément la palme au chapitre de la marginalité, avec sa clientèle de jeunes tout de noir vêtus, sa pléthore de publications homosexuelles, alternatives et tiers-mondistes, et son menu de soupes et sandwichs adapté au budget d'un écrivain en mal de réussite. Il vend même des bonsaïs, de l'encens et de la myrrhe, des vidéos de croissance personnelle et des cartes postales cabotines en noir et blanc. On y organise enfin le dimanche des lectures de poésie nouvelle et de romans.

Aussi étonnant que cela puisse paraître, il y a au moins 25 librairies autour du Harvard Square! Par exemple, la **Schœnhof's Foreign Books, Inc.** *(76-A Mount Auburn Street, Cambridge,* ☎ *547-8855)*, qui a fait ses débuts en 1856, est la plus ancienne librairie du pays en ce qui concerne les ouvrages de langues étrangères. Elle possède des livres dans plus de 250 langues, dont le swahili, l'urdu, le tibétain, le navajo ainsi que le grec et le latin classiques. Et pourtant la pédanterie n'étouffe pas la boutique : *Le Petit Prince* et *Babar* ont eux aussi leur place sur les étagères.

Où ailleurs qu'à Cambridge pourrait-on trouver une librairie consacrée exclusivement à la poésie? Le **Grolier Book Shop Inc.** *(6 Plympton Street,* ☎ *547-4648)*, fondé en 1927, compte plus de 14 000 titres de toutes les périodes et de toutes les cultures. C'est la plus ancienne librairie du genre à avoir maintenu pignon sur rue de façon ininterrompue. Avec le soutien d'amis de Conrad Aiken, qui habitait l'immeuble voisin en 1929, la boutique devint le lieu de rencontre de poètes tels qu'Ezra Pound, Marianne Moore et A.E. Housman. Elle décerne chaque année un prix de poésie et organise des lectures.

Plusieurs librairies du Harvard Square se spécialisent dans les livres rares et hors d'impression, dont le **Pangloss Bookshop** *(12 Arrow Street,* ☎ *354-4003)* et le **Starr Bookshop, Inc.** *(29 Plympton Street,* ☎ *547-6864)*.

Le **Seven Stars** *(58 John F. Kennedy Street, Cambridge,* ☎ *547-1317)* vibre, pour sa part, au rythme du Nouvel Âge. , le *channeling* et l'interprétation des mythes et des rêves.

> Outre des titres tels qu'*Everyday Zen* (le zen au quotidien), *Spiritual Emergency* (urgence spirituelle) et *The Dynamics of the Unconscious* (la dynamique de l'inconscient), cette boutique vend des cartes de tarot, de l'encens et de splendides améthystes, de même que des cristaux, que certains disent dotés de pouvoirs curatifs. On y organise des conférences sur le kundalini-yoga, le *channeling* et l'interprétation des mythes et des rêves.
>
> À 3 km du Harvard Square, **Kate's Mystery Books** (2211 Massachusetts Avenue, Cambridge, ☎ 491-2660) se présente comme un véritable temple pour les amateurs d'œuvres de mystère. La marque de commerce de cette librairie, qui a ouvert ses portes un vendredi 13 de 1983, est un chat noir, et ses murs sont tapissés de centaines de figurines de chats noirs. Environ 10 000 ouvrages, neufs et usagés, se trouvent ici, de Dashiell Hammett à Agatha Christie, Tony Hillerman et Robert Parker. Une section spéciale est même consacrée aux mystères ayant pour théâtre la Nouvelle-Angleterre. Les Mystery Writers of America (auteurs de mystères d'Amérique), section Nouvelle-Angleterre, s'y rencontrent, de même que le Spenser Fan Club.
>
> Il ne s'agit là que d'un bref aperçu des librairies de Boston, petites et grandes. Dans cette région riche en écrivains et en érudits, il y en a pour tous les goûts, et l'on en dénombre près de 300 dans l'annuaire des *Pages Jaunes*, soit une pour 2 500 habitants!

étages de musique pour tous les goûts, soit du classique, du country, du folk, du rock, du soul, du jazz, du reggae et du gospel.

$ Fenway

La musique des groupes psychédéliques des années soixante, des jazzmen des années cinquante et d'autres artistes du passé règne en maître au **Looney Tunes** *(1106 Boylston Street,*

☎ *247-2238)*, où vous pouvez vous procurer des disques de seconde main pour une bouchée de pain.

South End

Certaines des boutiques les plus fantaisistes et les plus ouvertes de Boston se trouvent sur la rue Tremont et l'avenue Columbus.

Prenez par exemple **Divine Decadence** *(535 Columbus Avenue, ☎ 266-1477)*, où l'on vend toutes sortes d'articles amusants ou bizarres pour votre intérieur, qu'il s'agisse d'objets du passé, comme un *juke-box* à l'ancienne ou des torchères Art déco, ou alors d'objets contemporains tels que sculptures ou peintures à tubes fluorescents.

Sticks and Stems *(585 Columbus Avenue, ☎ 247-2274)* appartient à Jesse Jackson et propose de ravissantes plantes des climats chauds, parmi lesquelles des broméliacées et des strélitzias. Jackson cultive ces beautés sur sa propriété de Palm Beach, en Floride, et réapprovisionne lui-même la boutique toutes les deux semaines.

Environs de Boston

■ Cambridge

Le kiosque d'**Out of Town News and Ticket Agency** *(0 Harvard Square, ☎ 354-7777)* a été classé site historique national. Situé en plein cœur du Harvard Square et entouré par la circulation, il propose plus de 3 000 journaux et revues de tous les coins du monde.

Le Harvard Square en lui-même, avec ses boutiques éclectiques et ses grands magasins prestigieux, constitue une véritable mine d'or pour les amateurs de magasinage. Il faut tout particulièrement noter les nombreuses librairies et bouquineries qui entourent ce bastion intellectuel. (voir l'encadré «Les librairies de Boston», p 184)

Une autre institution à Harvard est la **Harvard Coop** *(1400 Massachusetts Avenue, ☎ 499-2000)*, constituée en 1882 par plusieurs étudiants de l'université soucieux de réaliser des économies. La coopérative compte trois étages de vêtements pour hommes et femmes, d'articles ménagers, de cadeaux, d'ordinateurs et de calculatrices, de jeux et de jouets, ainsi qu'une étonnante sélection de disques, de reproductions de tableaux, d'affiches et de livres.

La succursale du Harvard Square du **Globe Corner Bookstore** *(49 Palmer Street, ☎ 497-6277)* se présente comme un magnifique commerce bien éclairé, niché dans un coin tranquille derrière la Harvard Coop. Vous y trouverez une forte proportion de livres de voyage, de même qu'une foule de guides sur les environs immédiats.

Wordsworth Books *(30 Brattle Street, ☎ 354-5201)* est une véritable Mecque dans cette ville on ne peut plus littéraire qu'est Cambridge. La majorité des résidants s'adressent d'abord ici lorsqu'ils sont à la recherche d'un titre en particulier. Mieux encore, les prix sont coupés, et vous pouvez fureter à votre guise.

Colonial Drug *(49 Brattle Street, ☎ 864-2222)* ressemble à une parfumerie européenne avec ses 500 fragrances et plus.

Les œuvres résultant de la créativité des artistes de la région de Cambridge sont en vente à la **Cambridge Artists Cooperative** *(59-A Church Street, ☎ 868-4434)*, un coffre aux trésors rempli d'objets aussi bien magnifiques qu'étranges, qu'il s'agisse de masques en papier faits main, d'animaux de paille, de bols à raki, de courtepointes artisanales ou d'écharpes peintes à la main.

Jasmine/Sola/Sola Men *(37-A Brattle Street, ☎ 354-6043)* est l'adresse rêvée pour trouver les chaussures et les vêtements les plus à la mode tout en demeurant pratiques. Il y a en outre un vaste choix d'accessoires, entre autres ce mur couvert de bas pour femmes.

Urban Outfitters *(11 John F. Kennedy Street, ☎ 864-0070)* compte deux étages d'accessoires de maison dernier cri, de même que de vêtements et de bijoux au goût du jour. Vous trouverez, au sous-sol, un grand rayon d'aubaines.

Little Russia *(99 Mount Auburn Street, ☎ 661-4928)* vend d'authentiques boîtes laquées et des poupées emboîtables de Russie, de même que des bijoux, des contes de fées russes illustrés et des épingles de Lénine, Staline et Trotsky.

Si vous aimez le tricot, vous adorerez **Woolcot & Co.** *(61 John F. Kennedy Street, ☎ 547-2837)*. D'énormes classeurs y regorgent de patrons, et le personnel serviable se montre habile à dissiper les craintes et les amertumes des débutants.

LEXIQUE FRANÇAIS-ANGLAIS

PRÉSENTATIONS

Salut!	*Hi!*
Comment ça va?	*How are you?*
Ça va bien	*I'm fine*
Bonjour (la journée)	*Hello*
Bonsoir	*Good evening/night*
Bonjour, au revoir,	*Goodbye,*
à la prochaine	*See you later*
Oui	*Yes*
Non	*No*
Peut-être	*Maybe*
S'il vous plaît	*Please*
Merci	*Thank you*
De rien, bienvenue	*You're welcome*
Excusez-moi	*Excuse me*
Je suis touriste	*I am a tourist*
Je suis américain(e)	*I am American*
Je suis canadien(ne)	*I am Canadian*
Je suis britannique	*I am British*
Je suis allemand(e)	*I am German*
Je suis italien(ne)	*I am Italian*
Je suis belge	*I am Belgian*
Je suis français(e)	*I am French*
Je suis suisse	*I am Swiss*
Je suis désolé(e),	*I am sorry,*
je ne parle pas anglais	*I don't speak English*
Parlez-vous français?	*Do you speak French?*
Plus lentement, s'il vous plaît	*Slower, please*
Quel est votre nom?	*What is your name?*
Je m'appelle...	*My name is...*
époux(se)	*spouse*
frère, sœur	*brother, sister*

ami(e)	*friend*
garçon	*son, boy*
fille	*daughter, girl*
père	*father*
mère	*mother*
célibataire	*single*
marié(e)	*married*
divorcé(e)	*divorced*
veuf(ve)	*widower/widow*

DIRECTION

Est-ce qu'il y a un bureau de tourisme près d'ici?	*Is there a tourist office near here?*
Il n'y a pas de..., nous n'avons pas de...	*There is no..., we have no...*
Où est le/la ...?	*Where is...?*

tout droit	*straight ahead*
à droite	*to the right*
à gauche	*to the left*
à côté de	*beside*
près de	*near*
ici	*here*
là, là-bas	*there, over there*
à l'intérieur	*into, inside*
à l'extérieur	*outside*
loin de	*far from*
entre	*between*
devant	*in front of*
derrière	*behind*

POUR S'Y RETROUVER SANS MAL

aéroport	*airport*
à l'heure	*on time*
en retard	*late*
annulé	*cancelled*
l'avion	*plane*
la voiture	*car*
le train	*train*
le bateau	*boat*
la bicyclette, le vélo	*bicycle*
l'autobus	*bus*
la gare	*train station*
un arrêt d'autobus	*bus stop*
l'arrêt, s'il vous plaît	*The bus stop, please*
rue	*street*
avenue	*avenue*

route, chemin	road
autoroute	highway
rang	rural route
sentier	path, trail
coin	corner
quartier	neighbourhood
place	square
bureau de tourisme	tourist office
pont	bridge
immeuble	building
sécuritaire	safe
rapide	fast
bagages	baggage
horaire	schedule
aller simple	one way ticket
aller-retour	return ticket
arrivée	arrival
retour	return
départ	departure
nord	north
sud	south
est	east
ouest	west

LA VOITURE

à louer	for rent
un arrêt	a stop
autoroute	highway
attention	danger, be careful
défense de doubler	no passing
stationnement interdit	no parking
impasse	no exit
arrêtez!	stop!
stationnement	parking
piétons	pedestrians
essence	gas
ralentir	slow down
feu de circulation	traffic light
station-service	service station
limite de vitesse	speed limit

L'ARGENT

banque	bank
caisse populaire	credit union
change	exchange
argent	money
je n'ai pas d'argent	I don't have any money

192 Lexique français-anglais

carte de crédit	*credit card*
chèques de voyage	*traveller's cheques*
l'addition, s'il vous plaît	*The bill, please*
reçu	*receipt*

L'HÉBERGEMENT

auberge	*inn*
auberge de jeunesse	*youth hostel*
chambre d'hôte, logement chez l'habitant	*bed and breakfast*
eau chaude	*hot water*
climatisation	*air conditioning*
logement, hébergement	*accommodation*
ascenseur	*elevator*
toilettes, salle de bain	*bathroom*
lit	*bed*
déjeuner	*breakfast*
gérant, propriétaire	*manager, owner*
chambre	*bedroom*
piscine	*pool*
étage	*floor (first, second...)*
rez-de-chaussée	*main floor*
haute saison	*high season*
basse saison	*off season*
ventilateur	*fan*

LE MAGASIN

ouvert(e)	*open*
fermé(e)	*closed*
C'est combien?	*How much is this?*
Je voudrais...	*I would like...*
J'ai besoin de...	*I need...*
Un magasin	*a store*
un magasin à rayons	*a department store*
le marché	*the market*
vendeur(se)	*salesperson*
le/la client(e)	*the customer*
acheter	*to buy*
vendre	*to sell*
un t-shirt	*T-shirt*
une jupe	*skirt*
une chemise	*shirt*
un jeans	*jeans*
un pantalon	*pants*
un blouson	*jacket*
une blouse	*blouse*
des souliers	*shoes*

Lexique français-anglais

des sandales	*sandals*
un chapeau	*hat*
des lunettes	*eyeglasses*
un sac	*handbag*
cadeaux	*gifts*
artisanat local	*local crafts*
crèmes solaires	*sunscreen*
cosmétiques et parfums	*cosmetics and perfumes*
appareil photo	*camera*
pellicule	*film*
disques, cassettes	*records, cassettes*
journaux	*newspapers*
revues, magazines	*magazines*
piles	*batteries*
montres	*watches*
bijouterie	*jewellery*
or	*gold*
argent	*silver*
pierres précieuses	*precious stones*
tissu	*fabric*
laine	*wool*
coton	*cotton*
cuir	*leather*

DIVERS

nouveau	*new*
vieux	*old*
cher, dispendieux	*expensive*
pas cher	*inexpensive*
joli	*pretty*
beau	*beautiful*
laid(e)	*ugly*
grand(e)	*big, tall*
petit(e)	*small, short*
court(e)	*short*
bas(se)	*low*
large	*wide*
étroit(e)	*narrow*
foncé	*dark*
clair	*light*
gros(se)	*fat*
mince	*slim, skinny*
peu	*a little*
beaucoup	*a lot*
quelque chose	*something*
rien	*nothing*
bon	*good*

194   Lexique français-anglais

mauvais	*bad*
plus	*more*
moins	*less*
ne pas toucher	*do not touch*
vite	*quickly*
lentement	*slowly*
grand	*big*
petit	*small*
chaud	*hot*
froid	*cold*
je suis malade	*I am ill*
pharmacie	*pharmacy, drugstore*
j'ai faim	*I am hungry*
j'ai soif	*I am thirsty*
Qu'est-ce que c'est?	*What is this?*
Où?	*Where?*

LA TEMPÉRATURE

pluie	*rain*
nuages	*clouds*
soleil	*sun*
Il fait chaud	*It is hot out*
Il fait froid	*It is cold out*

LE TEMPS

Quand?	*When?*
Quelle heure est-il?	*What time is it?*
minute	*minute*
heure	*hour*
jour	*day*
semaine	*week*
mois	*month*
année	*year*
hier	*yesterday*
aujourd'hui	*today*
demain	*tomorrow*
le matin	*morning*
l'après-midi	*afternoon*
le soir	*evening*
la nuit	*night*
maintenant	*now*
jamais	*never*
dimanche	*Sunday*
lundi	*Monday*
mardi	*Tuesday*
mercredi	*Wednesday*

jeudi	*Thursday*
vendredi	*Friday*
samedi	*Saturday*
janvier	*January*
février	*February*
mars	*March*
avril	*April*
mai	*May*
juin	*June*
juillet	*July*
août	*August*
septembre	*September*
octobre	*October*
novembre	*November*
décembre	*December*

LES COMMUNICATIONS

bureau de poste	*post office*
par avion	*air mail*
timbres	*stamps*
enveloppe	*envelope*
bottin téléphonique	*telephone book*
appel outre-mer, interurbain	*long distance call*
appel à frais virés (PCV)	*collect call*
télécopieur, fax	*fax*
télégramme	*telegram*
tarif	*rate*
composer l'indicatif régional	*dial the area code*
attendre la tonalité	*wait for the tone*

LES ACTIVITÉS

la baignade	*swimming*
plage	*beach*
la plongée sous-marine	*scuba diving*
la plongée-tuba	*snorkelling*
la pêche	*fishing*
navigation de plaisance	*sailing, pleasure-boating*
la planche à voile	*windsurfing*
faire du vélo	*bicycling*
vélo tout-terrain (VTT)	*mountain bike*
équitation	*horseback riding*
la randonnée pédestre	*hiking*
se promener	*to walk around*
musée	*museum, gallery*
centre culturel	*cultural centre*
cinéma	*cinema*

TOURISME

fleuve, rivière	*river*
chutes	*waterfalls*
belvédère	*lookout point*
colline	*hill*
jardin	*garden*
réserve faunique	*wildlife reserve*
péninsule, presqu'île	*peninsula*
côte sud/nord	*south/north shore*
hôtel de ville	*town or city hall*
palais de justice	*court house*
église	*church*
maison	*house*
manoir	*manor*
pont	*bridge*
bassin	*basin*
barrage	*dam*
atelier	*workshop*
lieu historique	historic site
gare	train station
écuries	stables
couvent	convent
porte	door, archway, gate
douane	customs house
écluses	locks
marché	market
canal	canal
chenal	channel
voie maritime	seaway
cimetière	cemetery
moulin	mill
moulin à vent	windmill
école secondaire	high school
phare	lighthouse
grange	barn
chute(s)	waterfall(s)
batture	sandbank
faubourg	neighbourhood, region

INDEX

Les restaurants par ordre alphabétique

A Different Drummer ... 163
Addis Red Sea Ethiopian Restaurant 154
Aïgo 164
Algiers Coffeehouse 158
Another Season 150
Anthony's Pier 4 156
Art Zone 145
Asmara 158
Aujourd'hui 148
Back Bay Bistro 151
Bangkok Cuisine 154
Bertucci's Brick Oven Pizzeria 158
Biba 146
Blue Diner 143
Bnu 144
Bombay Café 151
Boston Sail Loft 146
Buteco 153
Buzzy's Fabulous Roast Beef 149
Café Bella Vista 148
Café Budapest 153
Café de Paris 150
Café Pamplona 159
Café Paradiso 141
Café Promenade 151
Café Vittoria 140
Cajun Yankee 160
Casa Portugal 159
Casablanca 160
Cecil's Caribe 146
Charlie's Sandwich Shoppe 155
Chart House 147
Chau Chow 142
Chinatown Eatery 143
Coffee Connection 158
Colonial Inn 164
Commonwealth Brewing Co. ... 143
Cornucopia 146
Cottonwood Café 160
Dakota's 147
Davio's 152
Durgin Park 144
East Coast Grill 159
Essex Grill 144
Hamersley's Bistro 155
Harvest 159
Haymarket Pizza 142
Ho Yuen Ting Seafood Restaurant 144
Imperial Teahouse 143
International Food Pavilion 155
Jae's Café & Grill 154
Jake & Earl's Dixie Barbecue 157
Jimmy's Harborside ... 156
Julien 148
Kebab n' Kurry 151
La Famiglia 140
La Groceria 160
La Paloma 162
Las Brisas 146
Le Bellecour 163
Longfellow's Wayside Inn ... 162
Lucia's 141
Magnolia's 161
Mamma Maria's Ristorante 141
Marshall House 144
Michael's Waterfront ... 142
Milk Street Café 142
Mr. Leung's 152
Nicole's Ristorante ... 156
No-Name Restaurant ... 156
One Meriam Street ... 163
Pat's Pushcart Restaurant 140
Pignoli 152
Pizzeria Regina 140
Rebecca's Restaurant ... 149
Restaurant Pomodoro ... 140

Index

Ristorante Toscano 150
Ritz-Carlton
    Dining Room ... 153
Rocco's 145
Rowes Wharf
    Restaurant 147
Saint Cloud 155
Seasons 147
Shay's 159
Skipjack's Seafood Emporium 151
Small Planet
    Bar and Grill 151
Sonsie 152
Tatsukichi 145
The Black Goose 149
The British Relief 161
The Daily Catch 157
The King and I 149
The Willow
    Pond Kitchen ... 163
Troyka 158
Union Oyster House 145
Upstairs at the Pudding .. 161
Warren Tavern 157
Wild Ginger Bistro 150
Yangtze River
    Restaurant 163
Ye Olde Mille Grille 162

Les restaurants par type de cuisine

Américaine
Art Zone 145
Aujourd'hui 148
Blue Diner 143
Boston Sail Loft 146
Charlie's Sandwich
    Shoppe 155
Chart House 147
Commonwealth
    Brewing Co. ... 143
Cornucopia 146
Cottonwood Café 160
East Coast Grill 159
Harvest 159
International
    Food Pavilion ... 155
Julien 148
Marshall House 144
Michael's Waterfront ... 142
Rebecca's Restaurant ... 149
Rowes Wharf
    Restaurant 147
Saint Cloud 155
Seasons 147
Union Oyster House 145

Anglaise
Shay's 159

Brésilienne
Buteco 153

Café
Café Bella Vista 148
Café de Paris 150
Coffee Connection 158
Milk Street Café 142
One Meriam Street 163

Cajun
Cajun Yankee 160

Cantonaise
Chinatown Eatery 143
Yangtze River
    Restaurant 163

Chinoise
Biba 146
Imperial Teahouse 143
International
    Food Pavilion ... 155
Mr. Leung's 152
Wild Ginger Bistro 150

Continentale
Another Season 150
Café Promenade 151
Ritz-Carlton
    Dining Room ... 153

Coréenne
Jae's Café & Grill 154
Wild Ginger Bistro 150

Les restaurants par type de cuisine

Éthiopienne
Addis Red Sea Ethiopian
Restaurant 154
Asmara 158

Espagnole
Café Pamplona 159

Française
Aïgo 164
Biba 146
Hamersley's Bistro 155
Le Bellecour 163

Fruits de mer
Anthony's Pier 4 156
Chau Chow 142
Essex Grill 144
Ho Yuen Ting Seafood
Restaurant 144
Jimmy's Harborside 156
No-Name Restaurant 156
Skipjack's Seafood
    Emporium 151
Union Oyster House 145

Grillades
Art Zone 145
Buzzy's Fabulous
    Roast Beef . . . 149
Dakota's 147
Jake & Earl's Dixie Barbecue 157

Hongroise
Café Budapest 153

Italienne
Biba 146
Bnu 144
Café Paradiso 141
Café Vittoria 140
Davio's 152
International
    Food Pavilion . . . 155
La Groceria 160
Lucia's 141
Mamma Maria's
    Ristorante 141
Nicole's Ristorante 142
Pat's Pushcart
    Restaurant 140
Pignoli 152
Restaurant Pomodoro . . . 140
Ristorante Toscano 150
Rocco's 145
The Black Goose 149
The Daily Catch 157
Upstairs at the Pudding . . 161

Indienne
Biba 146
Bombay Café 151
Kebab n' Kurry 151

Japonaise
Jae's Café & Grill 154
Tatsukichi 145
Wild Ginger Bistro 150

Méditerranéenne
Aïgo 164
Casablanca 160

Mexicaine
Cecil's Caribe 146
Las Brisas 146
La Paloma 162

Moyen-orientale
Algiers Coffeehouse 158

Pizza
Bertucci's Brick Oven Pizzeria 158
Haymarket Pizza 142
Pizzeria Regina 140

Polynésienne
Yangtze River
    Restaurant 163

Portugaise
Casa Portugal 159

Russe
Troyka 158

Sichuanais
Chinatown Eatery 143
Yangtze River
      Restaurant 163

Sud-américaine
Cecil's Caribe 146

Thaïlandaise
Bangkok Cuisine 154
Jae's Café & Grill 154
The King and I 149
Wild Ginger Bistro 150

Yankee
Colonial Inn 164
Durgin Park 144
Ye Olde Mille Grille 162

L'hébergement par ordre alphabétique

463 Beacon Street Guest House 130
A Cambridge House 136
Battle Green Motor Inn .. 137
Beacon Hill
    Bed & Breakfast 130
Beacon Inn
    Guest House 130
Berkeley
    Residence/YWCA ... 134
Boston Harbor Hotel 128
Boston International American Youth Hostel 133
Bostonian 129
Buckminster 134
Chandler Inn 134
Charles Hotel 136
Colonial Inn 138
Colonnade 133
Comma Realty, Inc. 130
Copley Square Hotel 131
Copley Plaza 132
Eliot Suite Hotel 131
Eliot and Pickett
    Houses 129
Florence Frances' 133
Four Seasons Hotel 127
Harvard Manor House ... 136
Hawthorne Inn 138
Hôtel Méridien 127
Hyatt Regency
    Cambridge 137
Irving House 135
John Jeffries House 129
Lenox Hotel 132
Margaret's Bed and Breakfast 135
Mary Prentiss Inn 135
Newbury Guest House .. 131
Oasis 130
Omni Parker House 128
Ritz-Carlton 131
Swissotel Boston 127
Terrace Townhouse 135
The Inn at Harvard 137
YMCA 133

INDEX

314 Commonwealth
  Avenue (Back Bay) 87
45 Beacon Street
  (Beacon Hill) 80
85 Mount Vernon
  Street (Beacon Hill) ... 80
Accès à la ville 26
  autocar 28
  avion 26
  train 29
  voiture 27
Acorn Street (Beacon Hill) . 80
Activités de plein air 119
  bicyclette 120
  golf 122
  jogging 120
  observation des
    baleines 120
  patin à glace 121
  randonnée pédestre .. 122
  ski de fond 121
  tennis 122
  voile 119
Adams Academy (Quincy)
  attraits touristiques .. 105
Adams National Historic
  Site (Quincy)
  attraits touristiques .. 105
Aéroport de Boston 27
  Logan International
    Airport 27
African Meeting House
  (Beacon Hill) 81
Agassiz House (Cambridge) 103
Aînés 51
Ambassades et consulats
  des États-Unis
  à l'étranger 29
American Association of
  Retired Persons
  (AARP) 51
Ancient and Honorable
  Artillery Company
  (centre-ville) 68
Appleton-Parker Houses
  (Beacon Hill) 81
Arlington Street Church
  (Back Bay) 85
Arnold Arboretum de
  l'Université
  de Harvard
  (Boston) 104
Asarotan (centre-ville) 64
Assurances 39
  annulation 39
  maladie 40
  vie 39
  vol 39
Attraits touristiques 55
  Back Bay 82
  Beacon Hill 78
  centre-ville 64
  environs de Boston ... 96
  Fenway 88
  grande banlieue 104
  North End 60
  South Boston 92
  South End 90
Avenue du Commonwealth
  (Back Bay) 84
Back Bay Fens (Fenway) .. 88
Bank of Boston (centre-ville) 71
Banques 45
Bars 52
Bay Village (South End) ... 92
Belle Isle Marsh 115
Berkeley Building
  (Back Bay) 85
Bicyclette 120
  Claire Saltonstall
    Bikeway 121
  Dr. Paul Dudley
    White Bike Path .. 120
  Mystic River
    Reservation 120
  Stony Brook Reservation
    Bike Path 120
  Wompatuck State Park 120
Black Heritage Trail
  (Beacon Hill) 81
Blacksmith House Bakery
  (Cambridge) 101

Blackstone Block
(centre-ville) 65
Blue Hills Reservation . . . 116
   Trailside Museum 116
Boston Athenæum
   (Beacon Hill) 80
Boston By Foot (North End) 64
Boston Center for the Arts
   (South End) 91
Boston Common
   (centre-ville) 77
Boston Common Visitor
   Information Kiosk
   (centre-ville) 64
Boston Design Center (South
   Boston) 94
Boston Harbor Islands . . . 113
   Georges Island 114
   Lovells Island 114
   Peddocks Island 113
Boston Public Library
   (Back Bay) 86
Boston Stone (centre-ville) . 65
Boston Tea Party Museum
   (South Boston) 94
Boston University (Fenway) 89
Botanical Museum
   (Cambridge) 101
Bromfield Street
   (centre-ville) 76
Brookline (grande banlieue)
   attraits touristiques . . 104
Buckman Tavern
   (Lexington) 108
Bull and Finch Pub
   (Beacon Hill) 82
Bunker Hill Monument
   (Charlestown) 96
Bunker Hill Pavilion
   (Charlestown) 98
Calendrier des événements
   annuels 47
Cambridge (environs de
   Boston)
   attraits touristiques . . . 98
   hébergement 135
   magasinage 187
   restaurants 157
   sorties 173

Cambridge Common
   (Cambridge) 102
Cambridge Discovery
   Information Booth
   (Cambridge) 100
Castle Island
   (South Boston) 95
Change 45
Charlestown (environs de
   Boston)
   attraits touristiques . . . 96
   restaurants 157
Chart House (centre-ville) . 69
Chickering Piano Factory
   (South End) 92
Children's Museum (South
   Boston) 93
Chinatown (centre-ville) . . 73
Chinese Culture Institute
   (centre-ville) 74
Christ Church Episcopal
   (Cambridge) 102
City Hall (centre-ville) 67
City Hall (Quincy)
   attraits touristiques . . 105
Climat 41
Colonial (centre-ville) 74
Combat Zone (centre-ville) . 75
Commandant's House
   (Charlestown) 96
Computer Museum (South
   Boston) 93
Concord
   hébergement 137
Concord (environs de Boston)
   attraits touristiques . . 107
   restaurants 162
Concord Museum
   (Concord) 110
Constitution Museum
   (Charlestown) 96
Consulats étrangers
   à Boston 31
Copley Plaza Hotel
   (Back Bay) 87
Copley Square (Back Bay) . 86
Copp's Hill Burying Ground
   (North End) 63

Index

Cunard Building
    (centre-ville) 70
Customs House
    (centre-ville) 70
Décalage horaire 52
DeCordova and Dana
    Museum (Lincoln) ... 106
Discothèques 52
Divers 52
Dorchester Heights National
    Historic Site
    (South Boston) 95
Douane 26
Downtown Crossing
    (centre-ville) 75
Drogues 53
Eastern Live Poultry
    (centre-ville) 74
Électricité 53
Eliot Norton Park
    (centre-ville) 75
Emerald Necklace
    (centre-ville) 78
Enfants 50
Esplanade (Back Bay) 84
Fay House (Cambridge) .. 103
Federal Reserve Bank
    (centre-ville) 72
Fenway Park (Fenway) ... 89
Filene's (centre-ville) 75
Fire Station Number 33
    (Back Bay) 88
First Church of Christ,
    Scientist (South End) .. 91
Fish Piers (South Boston) .. 93
Flying Wheels Travel 52
Fogg Art Museum
    (Cambridge) 101
Fontaine Brewer
    (centre-ville) 77
Formalités d'entrée 25
Fort Independence
    (South Boston) 95
Fort Point Artists'
    Community Gallery
    (South Boston) 94
Framingham
    (grande banlieue)
    attraits touristiques .. 106

Franklin Park Zoo
    (South Boston) 95
Franklin Statue (centre-ville) 76
Frederick Law Olmsted
    National Historic Site
    (grande banlieue) .. 104
Freedom Trail (centre-ville) . 64
Garden in the Woods
    (Framingham) 106
Géographie 12
    géologie 12
Gibson House (Back Bay) . 87
Golf 122
    Braintree Municipal
        Golf Course 122
    Colonial Country Club . 122
    George Wright
        Golf Course 122
    Newton Commonwealth
        Golf Course 122
    Presidents Golf Course 122
    Stow Acres 122
Government Center
    (centre-ville) 67
Grand Lodge of Masons
    (centre-ville) 75
Grande banlieue
    (environs de Boston)
    restaurants 161
Gropius House (Lincoln) . 106
Hancock Cemetery (Quincy)
    attraits touristiques .. 106
Hancock-Clarke House
    (Lexington) 109
Harrison Gray Otis House
    (centre-ville) 66
Harvard Lampoon Castle
    (Cambridge) 102
Harvard Square
    (Cambridge) 100
Harvard Yard (Cambridge) 100
Hatch Memorial Shell
    (Back Bay) 84
Haymarket (centre-ville) .. 65
Haymarket-North End
    Underpass
    (North End) 63

Index

Hébergement 49, 125
   Back Bay 130
   Beacon Hill 129
   centre-ville 127
   environs de Boston .. 135
   Fenway 133
   South End 134
Helion (centre-ville) 72
Hemenway Gymnasium
   (Cambridge) 103
Hidden Gardens of
   Beacon Hill
   (Beacon Hill) 79
Holden Chapel
   (Cambridge) 100
Hood Milk Bottle
   (South Boston) 93
Hooper-Lee-Nichols House
   (Cambridge) 102
Horaires 46
Horticultural Hall
   (South End) 91
Institute of Contemporary
   Art (Back Bay) 88
Isabella Stewart Gardner
   Museum (Fenway) .. 89
Jogging 120
John B. Hynes Veteran
   Memorial Convention
   Center (Back Bay) .. 88
John F. Kennedy Federal
   Building
   (centre-ville) 67
John F. Kennedy Library
   and Museum
   (South Boston) 95
John F. Kennedy National
   Historic Site (Brookline)
   attraits touristiques .. 104
John Hancock Observatory
   (Back Bay) 85
Jonathan Harrington House
   (Lexington) 109
Jordan Marsh (centre-ville) 75
Jours fériés 46
King's Chapel (centre-ville) 76
King's Chapel Burying
   Ground
   (centre-ville) 77
Lewis and Harriet Hayden
   House (Beacon Hill) . 82
Lewis Wharf (centre-ville) . 69
Lexington
   hébergement 137
Lexington
   (environs de Boston)
   restaurants 162
Lexington Green
   (Lexington) 108
librairies de Boston . 183, 184
Lincoln (grande banlieue)
   attraits touristiques .. 106
Location d'une bicyclette . 121
Logan International Airport 27
Long Wharf (centre-ville) .. 68
Longfellow National
   Historic Site
   (Cambridge) 102
Longfellow's Wayside Inn
   (Sudbury) 106
Louisbourg Square
   (Beacon Hill) 80
Magasinage 177
   Back Bay 181
   Beacon Hill 180
   centre-ville 178
   environs de Boston .. 187
   Fenway 186
   North End 177
   South End 187
Maison natale de
   John Adams (Quincy)
   attraits touristiques .. 105
Mapparium (South End) ... 92
Mariner's House (North End) 62
Marlborough Street
   (Back Bay) 88
Massachusetts Hall
   (Cambridge) 100
Massachusetts Institute of
   Technology
   (Cambridge) 103
Massachusetts State
   House (Beacon Hill) . 79
Memorial Chapel
   (Cambridge) 101
Mercantile Wharf
   (centre-ville) 69

Mesures 53	Old Granary Burying Ground
Middlesex Fells	(centre-ville) 77
Reservation 117	Old Manse (Concord) ... 109
Mills Gallery (South End) .. 91	Old North Bridge
Mineralogical and Geological	(Concord) 109
Museum	Old North Church
(Cambridge) 101	(North End) 62
Minuteman National	Old South Meeting House
Historic Park	(centre-ville) 70
(Concord) 109	Old State House
Mobility International USA . 52	(centre-ville) 70
Monnaie 44	Old West Church
Mrs. Mallard and her brood	(centre-ville) 66
of eight ducklings	Omni Parker House
(Back Bay) 85	(centre-ville) 76
Munroe Tavern	Orchard House (Concord) 110
(Lexington) 109	Parcs et plages 113
Museum of Afro-American	Belle Isle Marsh 115
History	Blue Hills Reservation . 116
(Beacon Hill) 81	Boston Harbor Islands . 113
Museum of Comparative	Middlesex Fells
Zoology	Reservation 117
(Cambridge) 101	Nantasket Beach 115
Museum of Fine Arts	Wollaston Beach 116
(Fenway) 89	Park Street Church
Museum of Our National	(centre-ville) 77
Heritage	Park Street Station
(Lexington) 109	(centre-ville) 78
Museum of Science	Patin à glace 121
(centre-ville) 66	Paul Revere House
Museum Wharf	(North End) 60
(South Boston) 93	Paul Revere Mall
Nantasket Beach 115	(North End) 63
New England Aquarium	Peabody Museum of
(centre-ville) 69	Archæology
New England Telephone	(Cambridge) 101
Building	Personnes handicapées ... 52
(centre-ville) 71	Pierce-Hichborn House
New Old South Church	(North End) 62
(Back Bay) 86	Pilot House (centre-ville) .. 69
Northeastern University	Plages
(Fenway) 89	Nantasket Beach 115
Numéros utiles 33	Wollaston Beach 116
Observation des baleines . 120	Poids 53
Old City Hall (centre-ville) . 76	Portail du quartier chinois
Old Corner Bookstore	(centre-ville) 73
(centre-ville) 76	Portrait 11
Old Court House	géographie 12
(Beacon Hill) 79	un peu d'histoire 13

Index

Post Office Square
(centre-ville) 71
Poste 43
Pourboires 50
Préparation des valises . . . 42
Prudential Visitor Center
(centre-ville) 64
Public Garden (Back Bay) . . 84
Quand visiter Boston? 42
Quincy (grande banlieue)
attraits touristiques . . 104
Quincy Historical Society
(Quincy)
attraits touristiques . . 105
Quincy Homestead
(Quincy)
attraits touristiques . . 105
Quincy Market
(centre-ville) 68
Radcliffe College
(Cambridge) 103
Radcliffe Yard
(Cambridge) 103
Ralph Waldo Emerson House
(Concord) 110
Randonnée pédestre 122
Bearberry Hill Path . . . 123
Ponkapoag Trail 123
Quincy Quarries
Foothpath 123
Skyline Trail 124
Walden Pond 124
World's End 123
Renseignements généraux . 25
accès à la ville 26
aînés 51
ambassades et consulats
des États-Unis à
l'étranger 29
assurances 39
calendrier des
événements annuels 47
climat 41
consulats étrangers à
Boston 31
divers 52
douane 26
enfants 50
formalités d'entrée 25
Renseignements généraux
(suite)
hébergement 49
horaires et jours fériés . 46
personnes handicapées . 52
poste et
télécommunication . 43
préparation des valises . 42
quand visiter Boston? . . 42
renseignements
touristiques 32
restaurants 50
santé 40
services financiers 44
taux de change 45
vos déplacements
dans la ville et
dans les environs . . . 33
Renseignements
touristiques 32
Restaurants 50, 139
Back Bay 150
Beacon Hill 148
centre-ville 142
environs de Boston . . 157
Fenway 153
North End 139
pourboires 50
South Boston 155
South End 154
Ritz Carlton (Back Bay) . . . 85
Robert Gould Shaw and
54th Regiment Memorial
(Beacon Hill) 82
Rose Standish Nichols House
Museum
(Beacon Hill) 80
Ruggles Fayerweather House
(Cambridge) 102
Sackler Museum
(Cambridge) 101
Sacred Cod (Beacon Hill) . . 79
Saint Stephen's Church
(North End) 63
Santé 40
Schlesinger Library
(Cambridge) 103
Seamen's Bethel
(North End) 62

Index 207

Sécurité 40
Services financiers 44
    banques 45
    change 45
    monnaie 44
Ski de fond 121
    Middlesex Fells
        Reservation 122
    Weston Ski Track . . . 121
    Wompatuck State Park 122
Skywalk Observatory
    (Back Bay) 87
Society for the
    Advancement of Travel
    for the Handicapped . . . 52
Sorties 165
    Back Bay 168
    Beacon Hill 168
    centre-ville 165
    environs de Boston . . 173
    Fenway 170
    South Boston 172
    South End 171
South End Historical Society
    (South End) 90
South Station (centre-ville) 72
Statue de John Harvard
    (Cambridge) 100
Statue du Minuteman
    (Lexington) 108
Steaming Teakettle
    (centre-ville) 67
Sudbury (grande banlieue)
    attraits touristiques . . 106
Swan Boats (Back Bay) . . . 84
Tableau des distances 28
Taux de change 45
Taxes de vente 54
Télécommunication 43
Tennis 122
    Sportsmen's
        Tennis Club 122
The Wayside (Concord) . . 110
Thoreau Lyceum
    (Concord) 110
Tory Row (Cambridge) . . 102
Trailside Museum (Blue Hills
    Reservation) 116
Transports en commun . . . 35

Trinity Church (Back Bay) . 86
U.S.S. Constitution
    (Charlestown) 96
Un peu d'histoire
    après l'indépendance,
        le commerce 21
    berceau des États-Unis . 15
    préhistoire 13
    retour des beaux jours . 23
Un peu d'histoire 13
Union Oyster House
    (centre-ville) 65
Union Park (South End) . . . 91
United First Parish Church
    (Quincy)
    attraits touristiques . . 105
United States
    Customs Service . . . 26
Unity/Community Chinatown
    Mural (centre-ville) . . 74
Université Harvard
    (Cambridge) 98
University Museum
    (Cambridge) 101
Voile 119
Vos déplacements
    dans la ville et
        dans les environs . . 33
    orientation générale . . . 33
    pied 38
    taxi 38
    transports en commun . 35
    voiture 35
Walden Pond State
    Reservation
    (Concord) 110
Wang Center for the
    Performing Arts
    (centre-ville) 74
Waterfront Park
    (centre-ville) 69
West Rutland Square
    (South End) 91
Widener Library
    (Cambridge) 101
Winthrop Lane (centre-ville) 72
Wollaston Beach 116
World Trade Center
    (South Boston) 94

GUIDES DE VOYAGE ULYSSE

- ☐ Arizona et Grand Canyon — 24,95 $
- ☐ Balades gourmandes autour de Montréal — 12,95 $
- ☐ Boston — 17,95 $
- ☐ Côte d'Azur - Alpes-Maritimes - Var — 24,95 $
- ☐ Costa Rica — 24,95 $
- ☐ Cuba — 22,95 $
- ☐ Disney World — 22,95 $
- ☐ Équateur — 24,95 $
- ☐ Floride — 29,95 $
- ☐ Gaspésie Bas-Saint-Laurent Îles-de-la-Madeleine — 22,95 $
- ☐ Gîtes du Passant au Québec — 11,95 $
- ☐ Guadeloupe — 24,95 $
- ☐ Honduras — 24,95 $
- ☐ Jamaïque — 22,95 $
- ☐ Le Québec — 29,95 $
- ☐ Louisiane — 24,95 $
- ☐ Martinique — 24,95 $
- ☐ Mexique Côte Pacifique — 24,95 $
- ☐ Montréal en métro — 14,95 $
- ☐ Montréal — 19,95 $
- ☐ Nouvelle-Angleterre — 29,95 $
- ☐ Ontario — 24,95 $
- ☐ Ouest canadien — 24,95 $
- ☐ Panamá — 24,95 $
- ☐ Plages de la côte est de la Floride — 12,95 $
- ☐ Plages de Nouvelle-Angleterre et Boston — 19,95 $
- ☐ Portugal — 24,95 $
- ☐ Provence — 24,95 $
- ☐ Provinces maritimes — 24,95 $
- ☐ République Dominicaine — 24,95 $
- ☐ Saguenay - Lac St-Jean - Charlevoix — 22,95 $
- ☐ El Salvador — 22,95 $
- ☐ Toronto — 19,95 $
- ☐ Vancouver — 14,95 $
- ☐ Venezuela — 22,95 $
- ☐ Ville de Québec et environs — 22,95 $

ULYSSE PLEIN SUD

- ☐ Cape Cod - Nantucket - Martha's Vineyard — 16,95 $
- ☐ Carthagène — 9,95 $
- ☐ Isla Margarita — 9,95 $
- ☐ Montelimar - Nicaragua — 9,95 $
- ☐ Les plages du Maine — 12,95 $
- ☐ Puerto Plata-Sosua-Cabarete — 9,95 $
- ☐ Varadero — 9,95 $
- ☐ Saint-Barthélemy — 9,95 $
- ☐ Saint-Martin — 9,95 $

ESPACES VERTS ULYSSE

- ☐ Motoneige au Québec — 19,95 $
- ☐ Nouvelle-Angleterre à vélo — 19,95 $
- ☐ Randonnée pédestre dans le Nord-Est des États-Unis — 19,95 $
- ☐ Randonnée pédestre Montréal et environs — 19,95 $
- ☐ Randonnée pédestre au Québec — 19,95 $
- ☐ Ski de fond au Québec — 19,95 $

JOURNAUX DE VOYAGE ULYSSE

- ☐ Journal de voyage Ulysse — 16,95 $
- ☐ Journal de voyage Ulysse 80 jours (couvert souple) — 12,95 $ (couvert rigide) — 16,95 $
- ☐ Journal de voyage Ulysse (spirale) — 11,95 $
- ☐ Journal de voyage Ulysse (format poche) — 8,95 $

QUANTITÉ	TITRE	PRIX	TOTAL
		Total partiel	
		Poste-Canada*	4,00 $
		Total partiel	
		T.P.S. 7%	
		Total	

Nom : ....
Adresse : ....
....

Paiement : ☐ Visa   ☐ Master Card
Numéro de carte : ....
Expiration : ....   Signature : ....

ULYSSE L'ÉDITEUR DU VOYAGE
4176, rue Saint-Denis, Montréal, Québec
☎ (514) 843-9447 fax (514) 843-9448
Pour l'Europe, s'adresser aux distributeurs, voir liste p. 2
* Pour l'étranger, compter 15 $ de frais d'envoi